Masahiro Kaiya

PRÓLOGO POR
JOSE M. FRAGUAS

EMPIRE BOOKS/AWP LLC

DISCLAIMER: Please note that the author and publisher of this book are NOT RESPONSIBLE in any manner whatsoever for any injury that may result from practicing the techniques and/or following the instructions given within. Since the physical activities described herein may be too strenuous in nature for some readers to engage in safely, it is essential that a physician be consulted prior to training.

First Edition published in 2023 by AWP LLC/Empire Books.

© Copyright 2023 AWP LLC/Empire Books. All rights reserved. No part of this publication may be reproduced or utilized in any form or by any means, electronic or mechanical, including photocopying, recording, or by any information storage and retrieval system, without prior written permission from AWP LLC/Empire Books.

EMPIRE BOOKS
P.O. Box 491788
Los Angeles, CA 90049

First edition Library of Congress Catalog Number:
ISBN-13: 978-1-949753-58-5

23 22 21 20 19 18 17 16 15 14 13 12

Library of Congress Cataloging-in-Publication Data:

La Esencia Invisible / by Kaiya Masahiro. -- 1st revised ed. p. cm.
Includes index. ISBN 978-1-949753-58-5 (pbk.: alk. paper)
1. Karate. 5. Martial arts--philosophy. 3. Large type books.
I. Includes Title. GV1222.3.F715 20141924.715'3--dc24

2006001981

PRINTED IN THE UNITED STATES OF AMERICA

INDICE

Prólogo   *1*

Introducción   *19*

Entrevista   *33*

PRÓLOGO

El Encuentro Con El Maestro

por José M. Fraguas

Encontré al Maestro Masahiro Kaiya, como uno encuentra en la vida todas las cosas que verdaderamente merecen la pena, de casualidad.

El viajar constantemente recorriendo miles de kilómetros todos los meses, el ir de avión en avión de un lado a otro del mundo, puede parecer "excitante" para quien escucha. Para quien "lo" cuenta, es algo muy diferente. Llega un momento en que, prácticamente, nada te entretiene en un vuelo de diez o doce horas. Uno entabla amistad con los asistentes de vuelo, con los pilotos, y con algún otro "compañero habitual" de trayecto.

Masahiro Kaiya fue una de esas gratas excepciones que nos esperan a la vuelta de una esquina. Lo inquietante, es que no sabemos "qué esquina" es.

En uno de esos vuelos "interminables" se encontraba sentado junto a mí una persona con rasgos claramente japoneses. Vestía un pantalón vaquero y una camiseta y zapatillas de deporte. No era de gran estatura, pero los antebrazos eran increíblemente grandes y densos para una persona de su tamaño. Después de haber practicado catorce años de Karate Do, bajo la guía de un Maestro tradicional, mi siguiente reacción lógica era...mirarle los nudillos. Mi sorpresa al haberme fijado en sus antebrazos estaba justificada; sus nudillos eran el mas puro ejemplo de horas de trabajo en el "makiwara." Dos enormes protuberancias salían de los nudillos de sus dedos índice y corazón. El resto de la mano era la prueba palapable de que "mi compañero" de asiento...no era "un compañero cualquiera."

Música y lectura son dos de las pocas posibilidades que uno tiene para matar el tiempo a miles de metros de altitud. Saqué un libro sobre el "Ki" y me puse a leerlo con toda la tranquilidad del mundo. En la cubierta del mismo se encontraba el ideograma japonés correspondiente a la palabra "KI." En el interior otros nombres japoneses que relacionaban el "ki" con las Artes Marciales.

Mi compañero de viaje miró de reojo en un par de ocasiones y se percató del ideograma de "Ki" en la cubierta. Sin mover mi cabeza, pude percibir que se inclinaba ligeramente en un intento de ver "que estaba leyendo este occidental." En una ocasión giré mi cabeza y me estaba mirándo, sonrió y mirándo nuevamente al libro me dijo en inglés: "¿Qué estas leyendo?." Le respondí y me dijo que vivía en Sudamérica. Por lo tanto, hablaba español. Y en este idioma continuó nuestra conversación.

Debido al tema de mi libro, salió inmediatamente el tema de las Artes Marciales. Le hablé de mí y...una horas mas tarde, él comenzó a hablar de sí mismo. Durante nueve horas, estuve escuchando a uno de los interlocutores, de Artes Marciales, mas interesantes que jamás he tenido la ocasión de encontrar. Cuando ibamos a llegar a la ciudad en donde ibamos a conectar con otro vuelo, nos anunciaron que nos desviaban hacia otro destino por una imposibilidad de aterrizar en aquel aeropuerto; de no poder despegar aquella misma tarde en otro vuelo, nos darían alojamiento hasta el día siguiente. De esta manera pasé veinte horas interesantísimas con un verdadero Maestro de Karate Do. Tuvimos que hacer noche en el Hotel de un aeropuerto hasta el día siguiente, pero la verdad es que podíamos habernos quedado en la sala de embarque pues estuvimos hablando de Artes Marciales en general, y del Karate en particular, durante toda la noche.

Sus conocimientos no se limitaban a un solo estilo. Me habló de Shoto Kan, de Goju Ryu, de Shito Ryu, de estilos de Okinawa, de Kendo, de Iaido, de Aikido, de Budismo y Shintoísmo, de "Rinzai Zen" y de "Soto Zen," de tradiciones occidentales, de Jiddu Krishnamurti, de Daisen T. Suzuki, de los deportes de combate moderno, etc.... Masahiro Kaiya era, sin lugar a dudas, uno de los hombres mas "cultos" en Artes Marciales que jamás he conocido. Y puedo afirmar que he conocido, y conozco, a bastantes.

Ya en el Hotel donde nos alojaron, y después de haber cenado, nos acercanos a un "Greek Coffee Shop" para "charlar" un rato. Cuando Kaiya comenzó a hablar le pregunté si podía utilizar mi grabadora puesto que me gustaría guardar sus palabras. El asintió, no sin sonreir ligeramente, en un gesto de simpatía que reconocía mi interés por "no perderme" ni una gota de su conocimiento.

"*¿Sabes lo que deberían intentar hacer todos los instructores de Karate que se dignasen?*" comenzó preguntando. "No," le contesté. "*Deberían intentar quitar el misticismo y todo lo que de misterio rodea el Arte. Olvidarse de eso de que 'mi puñetazo es mortal y por eso no voy a campeonatos' o lo de 'que hacendo meditación uno*

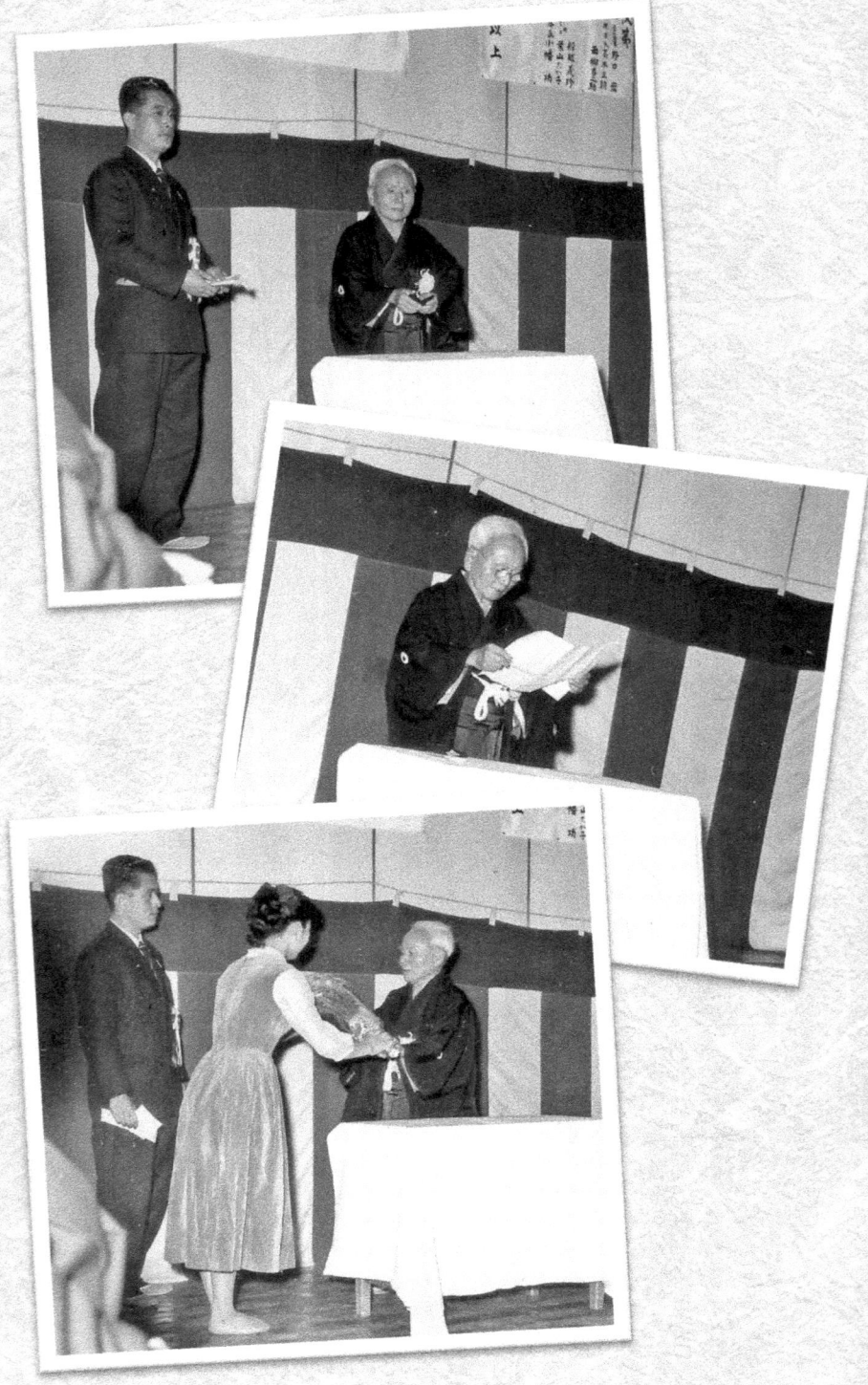

alcanza el nivel mas alto de las Artes Marciales.' Eso son cosas que engañan a la gente. No son reales. Muchos Maestros antiguos se moririan de risa si pudieran escuchar la cantidad de tonterias que se les atribuyen."

"Me imaginō" afirmē, "algunas son verdaderamente… inverosímiles.".

"Te dirē una cosa," añadio,"¿ves todos esos cambios y variaciones que existen en el mismo Kata y que dependen de la escuela o estilo? Pues no valen para nada. Es cierto que hay movimientos que han de ser ejecutados de una manera concreta, sin fectuar ningūn cambio o alteraciōn, pero otros pueden ser modificados segūn las preferencias del individuo, de acuerdo a su idiosincracia. El problema reside en que esta idiosincracia del profesor es copiada al pie de la letra por los estudiantes que no comprenden. Tal vez el profesor tenga un problema en un tobillo y ha de realizar cierta postura de una forma peculiar a fin de compensar el equilibrio, la estabilidad, etc.…El estudiante se piensa que 'esa es la forma correcta' y lo copia sin mās. Cuando se quieren dar cuenta, toda su Asociaciōn realiza el movimiento como el Instructor principal. Por otro lado hay muchas mas similitudes y 'parentescos' entre estilos de lo que a simple vista pudiera parecer. Por ejemplo, muy poca gente sabe que existe una gran relaciōn entre el estilo de Karate Goju Ryu y el sistema de Kung Fu chino denominado Pa Kua. Si uno es lo suficiente astuto podrā ver los puntos de conexiōn, aunque no sea capaz de desarrollarlos. Aūn mas, el ejercicio de 'kakie' tiene un gran parecido con el 'tui shou' del Tai Chi. y el 'chi sao' del Wing Chun. ¿No es así?"

"Si, efectivamente" afirmē.

"En Goju Ryu se denomina 'muchimi' y era una de las grandes caracteristicas del fundador del estilo, el gran Miyagi."

"¿Es por eso que el Maestro Morio Higaonna viaja constantemente para intentar averiguar las raíces y parentescos del Goju de Okinawa con los sistemas chinos?" pregunté.

"Bueno," se apresuró a decir el Maestro Kaiya, "no sé el motivo de los viajes del Sensei Higaonna, pero desde luego es un gran Maestro. De los que en el mundo quedan muy pocos. ¿Ha constestado eso a tu pregunta?".

"Entiendo" le contesté.

"Por ejemplo, los practicantes de Karate en la actualidad no poseen el entrenamiento necesario en las posiciones, respiración, etc....que se requiere para hacer funcionar las técnicas del Karate en situaciones reales. Entonces dicen que el 'error' está en que los Kata no valen para nada. El siguiente paso es sustituir ciertas técnicas por otras 'que les vienen mejor' y que están mas 'enfocadas' a la realidad, creándo una nueva estructura de combate. ¡Que gran ignorancia! Ponen el caballo delante del carruaje. Desarrollan unas técnicas que pueden funcionar...o pueden no hacerlo. Desafortuna-damente, en nuestros días hay muchos profesores que no saben 'cómo entender' un Kata."

"¿No cree Vd. que hay que poner énfasis en el combate libre?" pregunté.

"Una pistola sin balas no tiene ningún valor. No lo olvides nunca," dijo.

Esta afirmación me pareció obvia pero mi cara debió delatarme.

"Las técnicas 'secretas' no te valdrán para nada si no posees el fundamento necesario para hacerlas funcionar. A la gente le gusta 'modificar' técnicas para hacerlas 'mas efectivas.' Esto no es mas que un 'sustituto' del auténtico conocimiento del Karate real. La habilidad que uno adquiere haciendo combate, 'Kumite' o 'sparring' puede ser útil en ciertas circunstancias y para alguna gente. Pero eso no es suficiente. Nos estamos basando entonces, en el talento, los genes, la experiencia en combate y en el espíritu de lucha del individuo en cuestión. Las técnicas del Kata y aquellas realizadas en el combate libre, son 'polos opuestos' en concepto y en ejecución."

"¿Que quiere decir con eso, Maestro Kaiya?" pregunté con gran curiosidad, al intuir que su respuesta iría mas allá de lo obvio.

"Mientras que tu entrenas para golpearme, yo estoy entrenando para 'romperte en dos.' ¿Está claro?"

"Cristalino" dije, afirmando con la cabeza y añadiendo *"Así pues ¿no está de acuerdo con el hecho de modificar las técnicas para hacerlas mas efectivas?"*

Su mirada se fijo en un pequeño objeto decorativo que se encontraba delante de nosotros y después de inspirar profundamente dijo: *"Lo importante no es la modificación de una técnica para hacerla efectiva, sino cuan efectiva es la técnica elegida para que, con el paso de los años, sea productiva para tí como ser humano. Eso es lo importante. Por otro lado, uno no tiene que modificar nada. El practicante modifica pero no en el sentido en que tú lo dices, sino en el de adaptar de forma natural a su cuerpo y persona, aquello que está aprendiendo. Eso es lo que hicieron los Maestros de la categoría de Mabuni, Uechi, Othsuka, Funakoshi, etc....En las artes del Budo esto se*

conoce como los tres principios de 'Shu-Ha-Ri.' Cuando uno comienza a a entrenar en las Artes debe ejecutar todo de la forma en que se lo dice su instructor. Cuando pasan los años y alcanza un alto grado de destreza y entendimiento comienza a experimentar y a introducir algunas variaciones para sí. En la fase final o 'Ri' uno se libera de las enseñanza fijadas dentro de su estilo y sistema para moldearlo en base a unas preferencias personales. Un 'estilo' no te hace 'mejor' o 'peor' artista marcial. Tal vez Descartes no hizo un gran favor al mundo de las Artes Marciales. Podemos decir que somos mas cartesianos" concluyō.

"Lo dice por aquello de la forma lōgica y racional y en donde debe primar la objetividad ¿no?" pregunté, ligeramente sorprendido por el cambio filosōfico en su comentario.

"Mas bien. Pero mira, el Karate no fue creado ni desarrollado para convertirse en un deporte. Evidentemente posee tēcnicas como la patada frontal, la patada circular, el 'gyaku tsuki,' el 'uraken uchi' etc....y estas pueden ser utilizadas para ganar campeonatos, ya sabes que el competiciones deportivas no se ven nada mas que esas pocas tēcnicas que te he mencionado. La defensa personal, verdadero objetivo del autēntico Karate, es otro asunto muy distinto. Un albañil no puede construir una casa con tan solo un martillo. Necesita utensilios y herramientos muy diferentes que se aplican y son usadas en distintas fases de la construcciōn. El juego de los campeonatos, del tipo que sean, es divertido. Yo siempre he enfatizado la aplicaciōn practica a la realidad actual. En esa realidad, el ūnico trofeo que te llevas a casa, es tu propio cuerpo en una sola pieza. ¿te parece poco?"

"No, desde luego" contesté.

"No me malinterpretes" continuó el Maestro Kaiya, *"el que no esté a favor del combate libre no quiere decir que opine que el 'kiso kumite' y el 'bunkai kumite' no son ejemplos a seguir si se quiere aprender a pelear. De ninguna manera. Por otro lado, tan solo hay una sola forma de aprender a pelear y esta es, metiéndose en un montón de peleas. Evidentemente, esto es algo que no desea nadie. El secreto está en averiguar que método es el que tiene menos desventajas. Por ejemplo, las técnicas de combate libre, no están estructuradas ni diseñadas para ser usadas contra armas. En una situación de defensa personal, la mayoría de las veces vamos a tener que enfrentarnos a algún tipo de arma, no debemos olvidar que el Karate fue diseñado para enfrentarse contra un agresor armado. ¿Que sentido tiene el pasarse años y años entrenando para defenderse contra un puñetazo lanzado a nuestra cara por otro hombre como nosotros? ¿Me sigues?"*

"Lo intento" respondí.

"Las verdaderas técnicas de los Kata enfatizan la defensa, el 'destrozar' con nuestra acción, el recuperar la postura inmediatamente y el contraataque final. De estas cuatro facetas, la mas importante es la última. En una competición deportiva siempre puedes 'ganar tiempo,' 'correr,' etc....a fin de que no te 'marquen' o golpeen. En una situación real, debes ser capaz de absorver un golpe, minimizando su potencia, a fin de poder situarte en una posición ventajosa para efectuar un contraataque devastador. En competición, no importa lo poderosa o débil que sea tu técnica mientras que marque el punto. Por ello, el combate libre te enseña la actitud incorrecta para una pelea real. En una pelea real no quieres 'ganar tiempo.'

Cada vez que golpees al oponente y éste se marche o aleje de tí, seguirá teniendo posibilidades de 'matarte.' Es similar al tenis..."

"*¿Al tenis?*" pregunté con asombro.

"*Si, el combate deportivo es un 'toma y daca' constante de golpes. Como el peloteo en el tenis. Si el oponente no es capaz de devolver tu servicio...no hay partido. Esa debe ser la idea del combate real. Una vez que la distancia se ha cerrado...se debe acabar la pelea. Uno debe estar en el suelo.*".

"*Pero*" le interrumpí, "*al menos el desarrollar valor y coraje bajo una situación de presión ayudará, ¿no?*"

"*No como tu crees*" continuó el Maestro Kaiya, "*el combate libre y la competición desarrolla o fortalece tu valor y coraje para enfrentarte a una cuestión de ego, no para hacer frente a la muerte o a una lesión irreversible. Lo peor que te puede ocurrir en un campeonato es una nariz ensangrentada, una ceja abierta o un ego malherido. Pero la recompesa que existe para tu ego si ganas, es tan grande que muchas gente desarrolla y fortalece su valor para participar en este tipo de eventos. Esta misma gente reaccionará de forma muy diferente si tienen que defender su vida en la calle. Conozco varios casos que han resultado desastrosos para algunos campeones.*"

"*Le entiendo*" asentí.

"*Por otro lado hay gente que no se arriesgan a que les pongan un ojo morado en una competición y que sin embargo, si tienen que defender su vida quien esté frente a ellos no tendrá otra solución que matarles, puesto que poseen una fuerza interior verdaderamente intensa cuando su vida está en juego.*"

"¿Cómo cree Vd. que se debe hacer si se ha de reemplazar el 'Jyu Kumite?'" pregunté con curiosidad.

"¡No!, no hay nada que reemplazar. Nada ha de reemplazar al 'jyu kumite,' porque el 'jyu kumite' desgraciadamente es el que reemplaza al verdadero Karate. Pero entiendo tu pregunta. Se puede usar 'kiso kumite' y 'bunkai kumite,' pero con fuerza, con distancia, con las técnicas de tu estilo, con golpes de rodilla, de codo, con patadas a las piernas, a los genitales, etc.... El practicante que lanza el ataque debe intentar 'atravesar' la defensa del compañero, no 'ayudarle' a que bloqueé su ataque, sino atacarle de verdad, por que si no puedes parar un golpe que sabes que viene hacia a ti, ¿no te iras a creer que puedes parar un ataque que desconoces, no? En la actualidad, los conocimientos sobre fisiología, anatomía, etc....nos han ayudado mucho a mejorar las técnicas de las artes. Se han descubierto nuevos métodos de entrenamiento y acondicionamiento físico para los deportistas, pero se ha perdido mucho en otros aspectos. Mi idea, aunque pudiera parecer muy drástica, es 'combate de verdad' o nada de combate," finalizó el Maestro Kaiya.

La conversación se detuvo por unos cinco minutos. Tuve la sensación de que ya no quería que mi grabadora continuara haciendo su trabajo.

De repente, me hizo un gesto para que volviera a poner a funcionar el pequeño aparato. Grabé una conversación que duró casi seis horas continuas. Me quedé sin una cinta y la última del paquete casi se termina. Afortunadamente, y como planeado por el destino, las cinco cintas de una hora de duración que llevaba conmigo fueron 'las justas' antes de reemprender nuestro viaje. Aquellas grabaciones serán editadas para que configuren libro en un futuro cercano.

MASAHIRO KAIYA

El Maestro Kaiya me comentó que tenía un pequeño manuscrito sobre ciertos aspectos "olvidados" del Karate a lo que yo le respondí que mi empresa podría editar el libro si él así lo deseaba. Me dijo que nunca había pensado en publicar nada, y que lo había escrito a modo de cuentos o capítulos pequeños. Si algo he aprendido en la vida es a no insistir cuando alguien a quien respeto, toma una decisión. Por consiguiente, no mencioné el tema nunca mas.

Su profundidad espiritual al hablar y relacionar ciertos temas religiosos con las Artes del Budo, especialmente los conceptos de 'mushin no kokoro' y 'zanchin,' me hicieron pensar que podía ser un monje Zen. Si bien, sus ropas no lo indicaban así, su comportamiento, serenidad y educación, eran el fiel reflejo de una disciplina parecida.

Cuando nos despedimos le dí mi tarjeta con mi dirección y números de teléfono. Me puse a su entera disposición para cualquier cosa que necesitara y antes de que pudiera decir yo algo, el comentó: *"Donde yo vivo no puedo recibir nada. Así pues tú no necesitas mi dirección. Además, no estaré allí por mucho mas tiempo."* Mi sorpresa fue mayúscula.

Justo antes de darnos la mano y de decirnos adios con una inclinación de cabeza, me dijo: *"¡Ah! Te enviaré algo. Corrige mi lenguaje y si crees que es interesante y puede ayudar a la gente a entender el Arte del Karate Do, tal y como hemos hablado, publícalo. Haz un libro del que me pudiera sentir orgulloso."*

La sonrisa se borró de su cara y se inclinó. Yo, hice lo mismo. Me giré al tiempo que me encaminaba hacia la puerta de embarque de mi vuelo. Allí se encontraba el Maestro Kaiya; su figura despredía una 'fuerza' difícil de explicar. Su mirada, en la distancia, estaba 'clavada' en mis ojos. Una especie de 'inescrutable zanchin.' Caminé durante aproximadamente un minuto, y me giré nuevamente. Continuaba en el mismo sitio despidiéndome con la mano. Lo hizo hasta que desaparecí de su vista. Los japoneses llaman, al ritual de despedir a alguien, 'Zanchin.' 'Zanchin,' interesante palabra que trajo a mi mente los años de entrenamiento con uno de mis Maestros japoneses quien, en sesiones especiales, nos llevaba hasta los límites de nuestra resistencia física. En estos entrenamientos una de las clases 'especiales' estaba dedicada al 'Kumite'; un 'kumite' brutal en el que cada enfrentamiento se asemejaba a una 'mini-guerra.' Había un 'ligero' control en los golpes dirigidos a la cabeza, pero el cuerpo era…'campo libre' y las técnicas de 'atama ate' estaban a la orden del día. Aunque rebosantes de amistad y respeto entre todos los miembros del grupo, aquellas sesiones, que formaban parte de los varios 'gasshuku' anuales, se encontraban, en el mejor de los casos, 'aderezadas' con labios abiertos, cejas partidas; dedos dislocados, si no rotos, al haberse enganchando accidentalmente con el 'karategui' del compañero, todo ello acompañado de frecuentes tendinitis, contracciones musculares, y un largo etc….de 'desgracias físicas' debidas a los rigores del entrenamiento mas tradicional. Estas sesiones interminables de entrenamiento y combate, estaban enfocadas a desarrollar un espíritu fuerte, sin pensar en el mañana. Tan solo el 'ahora' era relevante y debía de ser experimentado al máximo de nuestras posibilidades. La idea, según me comentó mi Maestro un tiempo después, era crear un sentimiento de 'vida o muerte' en nuestras mentes. Deseaba forjar nuestros espíritus con un fuego similar a aquel que utilizaron los antiguos Samurai. Sin peligro 'de muerte,' no hay 'zanchin.' *"Un Arte*

Marcial que no requiere de 'zanchin' no es nada," me comentó Masahiro Kaiya. Encajaba completamente con lo que yo había experimentado en mi cuerpo y mente hacía años.

 Sentado en el avión que me llevaba hacia mi destino final, recordé las últimas palabras del Maestro Kaiya; "...Un libro del que me pudiera sentir orgulloso." Pensé que la conjugación del verbo 'poder' en aquella frase había sido un error en su castellano. Meses después y escaso tiempo posterior a un interesantísimo segundo encuentro con el Maestro Kaiya, recibí el manuscrito de este libro. Supe que no había ningún error en aquella frase. El Maestro Masahiro Kaiya había dicho lo que quería decir.

 El no iba a poder sentirse orgulloso del libro. Había fallecido y entre sus cosas había un paquete con mi nombre y dirección.

 Al abrirlo, me encontré una nota que decía: "Haz lo que debas. Fue un placer conocerte. Algún día...nos encontraremos y haremos 'Kumite.' Ooss!"

 No se cuando llegará ese día. De lo único que estoy seguro, es de que si sus técnicas en combate son tan solo la mitad de fuertes que su espíritu y actitud en vida, ni todos los ancestros juntos serán capaces de salvarme de la derrota.

 Descanse en Paz.

INTRODUCCIÓN

Budo: La Tradicion del Japon

El entendimiento de la cultura y educación japonesa es vital para ser capaces de asimilar las artes del Budo en su correcta dimensión. Como centro y origen filosófico-cultural de las Artes de Guerra en el "Imperio del Sol Naciente", una apropiada comprensión de la estructura y del pensamiento de las mismas ayudará al practicante occidental a estrechar el "hueco" existente entre las Artes y su propia concepción de la disciplina elegida.

Es curioso ver como individuos que llevan mas de treinta años practicando algún Artes del Budo bajo la guía de un Maestro japonés dicen con cierta regularidad; *"La verdad es que no entiendo al Sensei. Algunas veces es amigable y cordial y otras, se muestra tan distante que uno no sabe lo que puede estar pensando."*

Semejantes afirmaciones, bien sean realizadas y puestas en la boca o tan solo en el pnesamiento denotan y sacan a la luz dos importantes conceptos: 1) que incluso los occidentales con mas de treinta años de estudio en las Artes del Budo carecen de un profundo entendimiento de la educación y la mentalidad japonesa y 2) que treinta años no son suficientes para asimilar y digerir correctamente los principios de una cultura que se ha desarrollado de forma lineal a lo largo de los siglos.

Esos treinta años de práctica, deben ser dedicados a dominar y asimilar la técnica física del Arte elegido y aunque pese a muchos, no a intentar cambiar, modificar o adaptar el Arte a otras culturas. Para hacerlo, primero y antes de nada, se ha de comprender en su totalidad y complejidad el verdadero origen cultural del pais en donde las artes vieron la luz y fueron concebidas.

El concepto occidental de lo pragmático ha hecho que muchos de los valores mas tradicionales provenientes de las cultural ancestrales fueron alterados, cuando no eliminados, de los procesos educativos de nuestros contemporáneos. En el mundo de las Artes Marciales, y especialmente en occidente, en donde la práctica de las disciplinas es algo relativamente 'reciente,' no pueden esperar comprender en toda su extensión lo complejo de una cultra que lleva funcionando y tomando raíces desde hace 2.000 años. Aún a pesar de esto, un estudio de esta cultura facilitara el entendimiento del Arte y nos ayudara a comprender el "porqué" de muchas actitudes y comportamientos e los Maestros japoneses.

Una de las diferencias mas visibles entre las dos concepciones es la denominada en japonés 'tate shakai,' o principio de sociedad vertical. Todo el sistema de 'tate shakai' se basa en el concepto de 'oyabun-kobun.' 'Oya' significa 'pariente,' en el sentido de padre o madre, y 'ko,' quiere decir 'niño,' dando el sentido de infante. Todo el mundo en Japón entiende este principio y se adhiere a el en todo momento. Este concepto no solo aplica a una

MASAHIRO KAIYA

familia, sino igualmente a una empresa en la relación jefe-empleado y, por su puesto, al 'dojo' y a la relación 'maestro-estudiante.'

Este principio es algo intrínseco a la cultura japonesa. Está tremendamente arraigando en la educación y forma la columna vertebral de muchos comportamientos y actitudes en la vida diaria de sus ciudadanos. El concepto de 'senpai-kohai' pertenece a está estructura, y es el método utilizado en todos los 'dojo' tradicionales. La idea del 'senpai-kohai,' la estructura que aplica directamente a las Artes Marciales, se basa en la educación, en la economía y en el tiempo. En toda relación en el Japón, cada persona sabe si es 'oyabun,' 'kobun,' 'senpai' o 'kohai.' Cada uno sabe 'donde está' y 'quien es.'

Cuando aplica directamente al 'dojo,' el concepto de 'senpai-kohai,' se basa en quien ha entrenado durante mas tiempo, o en quien tiene mas experiencia en el Arte. No se trata de habilidades físicas o de quien ejecuta mejor una técnica; es la persona con mas experiencia y tiempo, quien es considerado 'senpai', en relación a los que tienen menos y que, como ya sabemos, se denominan 'kohai.'

En un 'dojo' tradicional de Karate Do o de otra Arte del Budo, el 'senpai' tiene la responsabilidad de la evolución y educación del 'kohai,' mientras que éste último, tiene que atender a las necesidades del 'senpai.' Por ejemplo, el 'kohai' siempre llevará la bolsa o maleta del 'senpai,' mientras que el 'senpai' siempre tendrá que estar atento a la educación del 'kohai,' procurando que esta sea la correcta.

Todo el sistema de 'oyabun-kobun' y de 'senpai-kohai' esta regulado por el principio de 'Mibun,' que no es mas que el sistema japones de derechos y deberes. Nadie tiene un derecho sobre nadie que no lleve una responsabilidad implícita. En este principio del comportamiento y etiqueta, lo que los occidentales muy amenudo no entieden es que lleva implícito una cierta restricción de los actos de los 'kohai' o 'kobun.' Es decir, pongamos por caso que un occidental tiene una excelente idea sobre algo. Lo que hará será registrarla y obtener el 'copyright' de acuerdo a la educación recibida y basándose en el sistema de exitos y recompensas descrito por el célebre Horacio Alger. En Japón y, según el concepto explicado, el 'kohai' deberá presentar su idea al 'senpai,' quien se encargará de que el 'kohai' o 'kobun' reciba todo el crédito. Imaginemos que un 'kohai' desarrolla un nuevo y excelente método de entrenamiento. El 'kohai' se lo mostrará al 'senpai,' quien si lo considera efectivo y bueno, lo utilizará, pero al tiempo dirá a todo el mundo que su 'kohai' es quien lo ha inventado. De esta forma el 'kohai' recibe todo el crédito por su trabajo y el 'senpai' por tener tan buen 'kohai' bajo su dirección.

Si por el contrario, el 'kohai' toma su recién desarrollado método de entrenamiento y comienza a usarlo sin decir nada, será visto por los 'senpai' como "un clavo que sobresale de la pulida superficie," para expresarlo en término tradicionales. Es decir, como alguien que 'saca los pies fuera del tiesto' para obetner crédito personal y alimentar su ego. El 'senpai,' sin remisión, tendrá que 'usar el martillo' para poner al 'kohai' en donde debe estar, o como se dice en occidente 'ponerle en su sitio.'

Posiblemente este comportamiento choque frontalmente con la cultura y mentalidad occidental, pero forma una parte muy importante de lo que en Japón se conoce como "On" u 'obligaciones universales.' Esta palabra, "on," es utilizada por los japoneses para describir las obligaciones universales que tienen para con los demás. Todo el mundo 'ha recibido un On,' según la cultura japonesa. El 'on' recibido del Emperado se denomina 'ko on,' el que dan los padres es 'oya on.' El entregado por el "Sensei" es 'shi no on.'

Ligado al principio del 'on' se encuentra la idea del 'giri,' o que es el código del deber que cada individuo tiene. La responsabilidad propia de cumplir sus obligaciones con honor. Como se ha explicado con anterioridad, cada nivel o escalafón en la sociedad tiene su propio 'giri,' cuya aplicación es para los japoneses una de las facetas mas importantes de la vida misma.

El principio del 'giri' puede entenderse las 'deudas de uno hacia otra persona' (en este caso se denominaría 'on jin') e implica que uno ha de reponer o pagar de forma ilimitada, puesto que no importa lo mucho que se 'devuelva', nunca será suficiente como pago por lo recibido con anterioridad. Curiosamente, hay una excepción en el pago del 'giri' y aplica a los negocios. Ha de ser devuelto en la misma medida y tan pronto como sea posible.

Otro tipo de 'giri,' es aquel que siente el japonés hacia su propio nombre. Este, abarca aspectos como el no admitir nunca sentirse derrota, el vivir dentro de las posibilidades de uno, el deber de limpiar el nombre de uno cuando a hido vituperado y el saber controlar las emociones y las reacciones en situaciones en las que ciertas expresiones pudieran ser inapropiadas.

Si todo el sistema japonés se basara en los conceptos de 'on' y 'giri,' éste sería muy facil de entender. Sería tan solo un sistema de obligaciones, deber y honor. Sin embargo, el concepto de 'gir' se hace mas incomprensible para el occidental cuando introducimos en la cultura japonesa lo que se podría denominar como la 'paradója' del principio 'ninjo.'

"Ninjo" es el concepto de los sentimientos humanos y nos enseña que los sentimientos humanos son mucho mas importantes que lo que es tan solo "lógico" y "beneficioso." Debido al tiempo y al esfuerzo que el 'sensei' pone en la educación del estudiante, el primero espera que el segundo comprenda 'tsukiai,' es decir, la deuda social en la que incurre el alumno con su maestro. En la antiguedad, 'tsukiai' incluía aspectos tales como que el estudiante cuidara de las necesidades del 'sensei' y de su familia, trayendo comida, procurándole un techo, etc....

Estos simples aspectos suponen un pequeño 'desafío' para todo aquel practicante de artes disciplinarias de orígenes japones que trate de entender mas allá de las simples técnicas físicas. Sin embargo, el elemento mas determinante es el denominado 'amae' y está relacionado con la 'psiquis' japonesa.

"Amae," según los eurditos de la enseñanza, es el elemento fundamental de la mentalidad nipona. Es la base sobre la que se ha construido toda la historia de ese pueblo, y comforma los cimientos de la evolución de la cultura y el pensamiento. "Amae" puede definirse como un "amor indulgente" y etimológicamente podría describirse como "dependencia infantil." Según Takeo Doi, uno de los psiquiatras mas prestigiosos del Japón, y autor del libro "Anatomía de la Dependencia," el individuo japonés no se siente a gusto en ningún tipo de relación que no incluya el concepto de 'amae.' Para ellos, éste significa una completa confianza y entrega que deben ser intrínsecos a cualquier tipo de relación y que les permite actuar de manera "infanti," es decir confiada en todo momento, con la otra persona. De la misma forma que un niño puede actuar bien o mal y sabe de la indulgencia de su madre, el japonés espera la comprensión de la otra parte debido al principio de "amae." De acuerdo a Doi, que también publicó un libro titulado "Amae no Kozo" (La Estructura de Amae), el japonés posee una personalidad con un interior muy frágil, que se encuentra recubierto de muchas "capas protectoras." A la menor alteración emocional o incumplimiento de la ley, el japonés puede quedarse psicológicamente paralizado mientras que la contrapartida occidental actúa de una forma mucho mas desinhibida y liberal.

Muchos de los aspectos relevantes del concepto de 'amae' se malinterpretan constantemente en occidente, incluso por aquellos que han entrenado en Artes Marciales japonesas durante muchísimos años. El primero de los aspecto erróneamente entendidos es "shinyo," que significa 'confianza.' Es el tipo de confianza y seguridad que una persona al tener una relación "amae" posee, sabiendo que la otra parte cumplira su "giri" sin importantar las circunstancias y preferencias personal. "Shinyo" en conjunción con "enryo" (aguantar sentimientos y mantener las distancias) hace que el japonés pueda parecer "distante y frío," cuando en realidad tan solo está cumpliendo su parte la relación "amae." Esto no quiere decir que los japoneses sean distantes a propósito, pues tan pronto una de las partes de la relación se aprovecha malintencionadamente de la otra, inmediatamente aparece "uramu," que no es mas que la hostilidad justificada por las acciones incorrectas de alguien que no ha sabido observar las reglas de "amae." "Uramu" se transforma inmediatamente en "giseisha," es decir la "mentalidad de víctima." Cuando una parte ha violado suficientemente su responsabilidad en "amae," "giseisha" es una razón para justificar la búsqueda de venganza. Lo que es importante comprender es que el sentido de "vengaza" no es algo personal sino algo socialmente necesario para preservar el orden moral de la sociedad japonesa. La venganza es el método utilizado para enseñar algo al "agresor."

En el mundo de los negocios, y cuando se trata de diálogo, el japonés utiliza la estructura de "honne to tatemai" o "estructura de los pensamientos propios," prefiriendo siempre "yakusoku" (acuerdo verbal) a los contratos escritos. Viven por el principio de "chokkan to ronri," en donde la virtud y la superioridad de la intuición prima sobre la lógica.

Para los estudiantes occidentales, la mentalidad japonesa puede ser muy difícil y compleja de entender. En realidad es mucho mas fácil para un japonés comprender a un occidental que para un occidental entender la múltiple mentalidad oriental. Si tomamos las tesis de Takeo Doi como ciertas, los occidentales tenemos unas "capas protectoras" mucho mas fáciles de penetrar que los japoneses. Entre los maestros japoneses que han estado enseñando Artes Marciales en occidente, hay algunos que han cambiado esta mentalidad. Otros lo han evitado a toda costa.

Lo verdaderamente necesario para la correcta transmisión de las Artes del Budo, es que estos principios orientales sean estudiados cuidadosamente. Con el paso del tiempo, Oriente y Occidente se irán acercando mucho mas, y la unión de las dos culturas dará como resultado, una mejora global en la expresión del "budoka."

ENTREVISTA

Cara a Cara Con El Maestro

Empecemos por el principio, que nos puede decir de la posicion 'musubi dachi'?

"Un practicante de Karate Do, a quien me encontré de forma accidental, me explicó sus experiencias en Japón a donde marchó por un periódo de seis meses a entrenar. Su idea era recibir instrucción en los aspectos mas avanzados del entrenamiento en Kata. Me comentaba que se sorprendió cuando después de saludar y prepararse para comenzar el Kata, el instructor de dijo que "volviera a empezar"...

Recordó el incidente: "Saludé y me coloqué en Yoi. Otra vez el instructor de dijo que empezará de nuevo. Que había algo incorrecto. Yo me pregunté: '¿Cómo puede haber algo incorrecto si aún no he hecho nada?.' Evidentemente, lo había."

Cómo me explicó con posterioridad, al saludar antes de empezar el Kata, colocaba ambos pies juntos, apuntándo hacia el frente. Para él, posición era "normal" puesto que en su "dojo" siempre se decía "pies juntos." Y en efecto, todos ponían los pies juntos. En Japón, se le corrigió este error y se le indicó que la posición correcta de los pies es apuntándo en 45 grados. Había unas diferencias substanciales entre "Heisoku dachi" (pies juntos) y "Musubi dachi" (posición preparatoria).

La verdad es que, teniendo en cuenta los cientos de detalles a los que el karateka debe prestar atención durante la ejecución de un Kata, parece un poco "exagerado" pararse a corregir este error. Aunque es cierto, que es algo trivial comparado con la correcta colocación de la mano o brazo en el "tsuki" o de la pierna y la cadera en el "keri," es aconsejable realizar un pequeño "test."

Pídele a un amigo que se coloque a tu lado, mientras que tomas la posición de "Heisoku dachi." Haz que tu amigo te empuje ligeramente cuando realizas el saludo. Verás cúan fácil es perder el equilibrio en el momento en que te inclinas. Efectúa la misma prueba, pero esta vez con los pies en "Musubi dachi." Comprobarás que la estabilidad es mayor, lo que te capacita para mover con una mejor estructura a favor o en contra de la fuerza que te empuja.

La posición de "Musubi dachi" se encuentra en un gran número de Katas, pero su signficado y aplicación difieren substancialmente. El principal propósito de "Musubi dachi" es establecer un estado de alerta, una estabilidad en la guardia que nos proporcione protección en cualquier dirección. Por esta razón, el Kata siempre termina con esta posición... preparado para hacer frente a cualquier ataque.

Evidentemente, "Musubi dachi" posee un significado mucho mas profundo. El término "musubi" puede trducirse como "dar vida a," "hacer nacer." Cuando un karateka saluda en "Musubi dachi," se encuentra listo para mover en cualquier dirección. Según el Kata que vaya a ejecutar sus acciones irán en una dirección u otra, pero todas se originan del núcleo, todas parten de "Musubi dachi."

El karateka, es el origen de su movimiento y es esta posición la que le permite fluir de forma espontánea en la técnica. Es comprensible pues, que la posición de partida sea algo relevante en la ejecución de un Kata. Sin una posición correcta, cualquier ataque o defensa será inútil.

Seguramente que todo "budoka" habrá oido la expresión "Ki-musubi," la cual hace referencia a la unión o conjunción de "dos espíritus" (ki). Cuando un oponente lanza un puñetazo y éste es bloqueado por nuestro brazo, se crea una energía. El término correcto para este "momento de creación" es "Musubi."..el centro del que salen todas las acciones. ¿Será suficiente desviar el ataque del adversario o deberemos contraacar con dureza? Cualquiera que sea la respuesta, esta estará generada desde "musubi." Tal vez, "Musubi dachi" sea una postura exteriormente "muy normal," pero curiosamente son su significado y utilidad la que la convierte en algo muy extraordinario.

¿Qué es lo que verdaderamente signfica un "cinturón negro" en Japón?

La respuesta es complicada, pero en un intento de simplificarla, diré que "mucho menos de lo que significa en Occidente en algunas cosas y... mucho mas en otras." En Japón, la mayoría de los artistas marciales comienzan su entrenamiento en la adolescencia. Cuando acaban sus estudios en el instituto muchos de ellos son ya "cinturones negros," lo que quiere decir que "no significa gran cosa." El ser un "cinturón negro" en Japón no es nada especial, hay millones de ellos. Curiosamente, y una vez alcanzado este punto, la mayoría de los practicantes abandonan el entrenamiento y raramente lo retoman en el futuro.

En Occidente, los practicantes comienza a tomarse en serio su entrenamiento cuando están en el instituto o en la Universidad. Tal vez por este motivo, los requerimientos para obtener un cinturón negro son mas "duros" en Occidente que en Japón. Es muy posible que el factor económico y de lucro tenga un papel decisivo en esto; "hay que sacar al alumno cuanto mas dinero mejor, antes de que obtenga su grado." Una tercera razón pudiera ser la "veneración" que los occidentales tienen al grado de cinturón negro. Todos los aspectos místicos y "transcendentales" intrínsecos al grado, afectan, inevitablemente a como éste es percibido por el practicante.

Se crea o no, si el grado es otorgado por el Sensei cualificado y reconocido por una asociación o federación legítima, este tiene, en Occidente, una mayor madurez y calidad técnica que su contraparte en Oriente. Lo verdaderamente interesante, es que todo empieza a cambiar cuando el practicante sigue escalando y progresando en su entrenamiento. En Occidente, el "cinturón negro" se ve como la "cima," es el objetivo. El 2º Dan, 3º Dan, 4º Dan, etc... se conciben como "gratificaciones" por seguir entrenando. En Japón, si el obtener un "cinturón negro" no es "tan difícil," el conseguir los grados posteriores requiere de muchísima dedicación y constancia. Un practicante con un 5º Dan en Japón indica que ha dedicado muchos años y energía a la práctica y dominio de el Arte elegido. Denota que ha recibido instrucción privada y particular por los mas altos grados del sistema en su país, y seguro que entre sus responsabilidades está la de impartir sus conocimientos a otros.

En Japón los instructores mas avanzados son, como mínimo, 6º Dan ó 7º Dan. El llevar a este nivel es como, permítanme usar la comparación, escalar el Everest. Muchos son los que empiezan a "subir," pero pocos los que alcanzan la cima. En las Artes Marciales pasa exactamente lo mismo.

En la actualidad, las cosas están un poco mas que confusas respecto a los grados. Incluso en Japón, no todas las organizaciones o asociaciones poseen los mismos requerimientos para otorgar grados. Algunos estudiantes progresan mas rápidamente que otros. Las cosas se ponen incluso mas "oscuras" cuando occidentales viajan a Japón y regresan con un grado para el que no están cualificados, ni técnica ni espiritualmente (madurez).

La verdad es que no importa lo que el "cinturón negro" pueda signficar en Occidente o en Oriente. Lo importante es la persona que lo lleva.

El tobillo es una de las partes mas importantes en la aplicacion de las tecnicas corporales en las Artes Marciales y sin embargo uno de los aspectos mas olvidados, podria darnos algun consejo al respecto?

Agáchate hasta que las nalgas toquen los talones y las rodillas estén abiertas hacia el exterior. Comienza a contar. Si no puedes llegar a un minuto sin que empieces a sentir a sentir una cierta fatiga o pierdas el equilibrio, necesitas trabajar la flexibilidad y fortalecer...tus tobillos.

Los tobillos, en japonés "ashikubi," son el eslavón mas importante en una cadena que aporta coordinación en el movimiento y potencia en las acciones del karateka. En un extremo de la cadena se encuentra la tierra, en el otro el puño, el pie o la zona del cuerpo que impacta sobre el objetivo. Entre medias están las caderas, las rodillas, los codos, los cuales reciben una extensa atención en el entrenamiento diario en contraste con los tobillos.

Si el artista marcial está golpeándo con sus miembros, atacándo con el "shinai" o proyectándo a un oponente con una técnica de Aikido o Judo, se encuentra generándo la fuerza necesaria a través de su contacto con el suelo. Este es uno de los motivos por el cual los practicantes de Karate no se apoyan sobre la punta del pie cuando efectúan las técnicas de pierna. Desean tener la mayor base posible en relación al suelo. Para mantener el contacto con el suelo y poder al mismo tiempo golpear con potencia y velocidad, se necesita una gran flexibilidad en los tobillos. Actúa como un muelle, suelto pero explotándo con fuerza. Cuando el practicante golpea con el pie atrasado, la pierna adelantada actúa como soporte del movimiento. El tobillo de esta pierna ha de ser lo suficientemente flexible para permitir que las caderas se proyecten hacia el frente con velocidad y cuando se estira la pierna, aportar una base sólida sobre la cual sustentarse. Inmediatamente después del impacto, la pierna se retrae, y el tobillo se flexiona nuevamente. En japonés, esta acción se llama "hane."

Un practicante de Karate puede analizar su nivel de "hane" por medio de golpear a una pelota de tenis sujetada por una cuerda y colocada a una distancia similar a la existente entre su cadera y su pie.

Después de golpear varias veces en esta distancia, deberá separarse como unos 30 cms. de la pelota. Para alcanzar el objetivo, que ahora se encuentra a una distancia mayor, deberá de proyectar sus caderas hacia el frente mucho mas que antes. Si puede golpear a la pelota con precisión, velocidad, equilibrio y "kime," es que tiene cierta "maestría" del "hane."

Mucha gente que esquía por primera vez se queja de que "tienen unos tobillos débiles." Aunque, tal vez, sea verdad, el problema no suele ser la debilidad en la articulación sino el grado de movilidad de la misma. Es demasiado corto.

Si tu "hane" no es el correcto, tendrás que extirar los músculos del tobillo y de la parte posterior baja de la pierna. Hay diferentes ejercicios para conseguir esta flexibilidad necesaria en nuestros tobillos y se podría escribir un libro sobre ellos.

El término "ashikubi" se traduce como "el cuello de la pierna," que no deja de ser una descripción muy correcta, de lo que en realidad es el tobillo. El cuello proporciona una estabilidad a la cabeza, lo mismo que el tobillo a la pierna. Ningún karateka serio puede descuidar su entrenamiento.

Maestro Kaiya, ¿cuan importante es el concepto del ritmo en el Arte Marcial?

Los geofísicos nos dicen que el planeta en donde vivimos, no es un lugar tan estable como la mayoría de nosotros pensamos. A intervalos predecibles y totalmente regulares, la tierra se contrae y se expande constantemente. Aunque no sea visible al ojo humano, estos cambios cíclicos puede ser percibidos por aparatos especialmente diseñados a tal efecto. Las investigaciones han evolucionado y está claro que el universo se mueve de una cierta manera, periódica, rítmica, contrayéndose y expandiendose sin cesar.

Curiosamente, todas estas teorias no sorprenderían en absoluto a los antiguos taoistas, quienes ya conocían la contracción y la expansión rítmica, como algo vital en todo ser vivo. Los seres humanos no son ninguna excepción a esta regla. Los taoístas creían en ello, puesto que este principio se encuentra en todas las filosofías y artes chinas. Este concepto fue incorporado por las culturas de Okinawa y Japón. Los practicantes de Karate tradicional, se refieren a ello como "Tai no shinshuku."

El "Tai no shinshuku" es un aspecto vital en el verdadero Karate y el practicante es introducido a este concepto a través del entrenamiento en el Kata, aunque también puede verse en la mas simple de las técnicas. Por ejemplo, tomemos el "Jodan Age Uke"; el cuerpo se expande, la pelvis y el pecho se abren y las rodillas presionan hacia el exterior para adoptar un "Zenkutsu Dachi" estable. El cuerpo "crece," se "llena," de forma que el ataque del oponente "rebota" debido a la circularidad del movimiento defensivo.

Cuando nos preparamos para contraatacar con el "Gyaku Tsuki," el brazo que ha efectuado el bloqueo, desciende y retorna. El pecho se contrae cuando el puñetazo comienza a salir y las caderas y las rodillas giran hacia el interior. Durante el bloqueo, inspiramos; en el ataque, expiramos. Cuando bloqueamos, nuestro cuerpo tienen la sensación de "llenarse"; cuando golpeamos con el puño, se contrae. Esto es "tai no shinshuku."

La contracción y la expansión corporal tiene efectos e implicaciones en el combate. El atacar a una persona cuando esta se encuentra en una fase de "expansión," es como golpear a una pelota de baloncesto. Nuestro puño "rebota" de una forma extraña. El karateka que sabe como contraer cuando golpea, de una forma mucho mas "sólida," como un chorro de agua que se solidifica cuando impacta. Curiosamente, la verdadera esencia del "Tai no shinshuku" es la mejoría constante de la salud del practicante. La continua expansión y contracción de los movimientos del Karate, en conjunción con los correctos estiramiento y el apropiado masaje a las articulaciones, contribuyen a tener un cuerpo mas saludable. Esta es una de las razones por las cuales se pueden ver muchos ejemplos de "tai no shinshuku" en todos los Kata. Por ejemplo, en "Unsu" (version Shoto kan), los movimientos expansivos de los saltos están seguidos inmediatamente de otras acciones de gran contracción.

Expansión y contracción. Es un "movimiento esencial" de la tierra, y de todas las cosas vivas que sobre ella existen. Un movimiento que rije el Universo y que está ejemplificado por las acciones del karateka.

Siempre hemos oido decir que el Arte Marcial es para toda la vida, cual es el verdadero significado de esta idea?

Cuando Gichin Funakoshi contaba con 89 años de edad, en el año 1957, y tan solo a unos pocos meses de la fecha de su fallecimiento, se encontraba hablando con un estudiante sobre el desarrollo de las técnicas. Cerró el puño y giro su brazo efectuándo un "Soto Uke"; ."... creo que finalmente he empezado a entender este movimiento," dijo.

Otro incidente digno de mencionar es el de Torao Mori, uno de los mas grandes Maestros de Kendo, quien compartió sus conocimientos en Occidente hasta su muerte en 1969. Mori nació en Japón y creció entrenando en "gekken," un método altamente difícil liderado por hombres que habían utilizado el Arte en combate real. En la época en que decidió venir a Occidente, Mori ya era un experto practicante de Kendo. Mori marchó para ofrecer un Seminario en el Arte. Una mañana, un joven estudiante estaba entrenando en soledad, cuando aparecio Mori y le dijo si "tendría la gentileza de entrenar con él. Había algo que debía practicar." El estudiante se sintió tan alagado como sorprendido.

El estudiante se imaginó que el Maestro iba a entrenar alguna técnica avanzada, alguna estrategía o movimiento de nivel superior. Para su sorpresa, Sensei Mori dijo: " Deseo practicar "shomen uchi." Todavía no me sale bien." "Shomen Uchi" es el primer movimiento que un estudiante aprende cuando entra en un "dojo" de Kendo y toma un "shinai."

Tal vez, la mayoría de los artistas marciales, especialmente los mas jóvenes, serán un poco excépticos en relación a este tipo de anécdotas. Los principiantes no se siente nunca atraídos por los movimientos básicos, sino por los mas complicados y difíciles. El karateka novato, golpea y realiza sus técnicas, pero no deja de mirar de reojo las acciones y movimientos efectuados por el Cinturón Negro en el otro lado del "dojo." Pregúntale "¿cúal es el Kata que mas te gusta?" y su respuesta será "el último que he aprendido." Según va progresando en el Arte, el estudiante intenta acumular mas técnicas, mas Katas, como ejemplo de una progresión lógica de conocimiento en el Arte.

Los métodos de combate son, por naturaleza, limitados en "curriculum." Llega un momento en que el artista marcial ha estado expuesto y ha entrenado en el sistema completo. Es como un viajante que ha recorrido todos los caminos, pero se da cuenta de que solo hay un verdadero destino: el mismo sitio en donde comenzó su peregrinar. Evidentemente, "sus viajes" no han caído en saco roto. El viajante, que después de mucho viajar por el mundo, regresa a su casa, es capaz de ver todo lo que le rodea, todo lo que siempre ha existido en su ciudad, de una forma muy diferente a aquel que nunca ha salido de los límites de la misma. Aprecia la comida, los edificios y el paisaje de una forma muy especial. Tiene la capacidad de comparar. Es capaz de experimentar "sus comienzos" de una forma muy diferente, a través de unos "ojos con gran experiencia."

Cuando el karateka "regresa a casa," y ha estado expuesto a varios Katas e infinidad de técnicas y combinaciones, retorna a los fundamentos del Arte, vuelve a las raíces. Evidentemente, ahora es capaz de mirar a los fundamentos con otra perspectiva muy diferente a la del principiante. Se da cuenta de que todas estas técnicas que el neófito quiere "saltarse" con la mayor prisa posible, poseen un signficado y un valor mucho mas profundo de lo que él pensaba en un principio. Buscar ampliar el conocimiento es algo muy positivo, es un camino sin fin, un desafio fascinante y constante. Siempre hay algo mas que aprender, algo mas que entrenar. La perfección en el Budo, es un concepto "nunca alcanzable." La técnica mas simple requiere de toda una vida de esfuerzo para ser dominada, y es tal vez, al final de la vida, cuando como Funakoshi, nos daremos cuenta del significado real de la misma (técnica).

Chosin Chibana, el popular Maestro de Karate de Okinawa expresó esta idea muy apropiadamente, cuando a sus 80 años se encontraba practicando y dijo: "...incluso cuando uno tiene 70 u 80 años, ha de seguir entrenando con la misma actitud positiva. Siempre pensando 'todavía no, todavía no.'"

Se dice que "la victoria y la derrota, vienen determinadas por la atención prestada a las cosas mas simples." Cuales son las 'cosas mas simples en las Artes Marciales?

Aunque esta afirmación fue una de las máximas del desaparecido Maestro de Karate Shoto Kan, Gichin Funakoshi, la verdad es que tiene tanto significado y validez para los estudiantes de hoy como lo tuvo para los de su época, incluso aún mas.

En la cultura japonesa practicamente todas las cosas poseen dos aspectos, uno interno y otro externo, y la afirmación descrita anteriormente, no es una excepción. El significado mas supérfluo de las palabras de Funakoshi, ofrece un consejo práctico para todos los artistas marciales y se refiere específicamente al uso de las bases (Kihon). El "Kihon" es la base del Arte Marcial. Si sus fundamentos no están unidos con firmeza y cohesión, no podremos construir absolutamente nada duradero y robusto a partir de ellos. Lo interesante es que, incluso una vez que tenemos este "fundamento"…no podemos olvidarnos de el. Los sótanos suelen tener goteras si no se cuidan y revisan los techos con asiduidad. Uno ha de bajar al sótano y revisar las vigas y muros de carga de vez en cuando para verificar que la base de la casa está en perfecto estado y no se encuentran grietas en su estructura. Esta, es una regla simple y sencilla de como ciudar una casa, en el "dojo," las cosas simples se encuentran en el entrenamiento del "Kihon." En un "dojo" es posible distinguir a los principiantes de los alumnos avanzados tan solo viéndoles hacer el calentamiento. Los nuevos estarán repasando las "últimas técnicas" que han aprendido, mientras que los "sempai" estarán repitiéndo las técnicas más fundamentales…el "Kihon."

Takaji Shimizu, líder de la escuela Shindo Muso de Jojutsu, enseñó su Arte a muchos occidentales durante la ocupación de estos en los años 60. Una noche, en el "dojo," el Maestro Shimizu, se dió cuenta de que uno de los estudiantes estaba deambulando por la sala, de forma que se acercó y le preguntó cual era el motivo de que no estuviera practicando. El estudiante contesto: "Ya sé el último Kata. Estoy esperando a que me enseñe el siguiente." El Maestro Shimizu se excusó: "¡Oh! Esta bien. Disculpa, tengo que realizar mi entrenamiento personal." El Maestro se fue a un rincón del "dojo" y comenzó a realizar "honte uchi," el movimiento mas básico de cuantos existen y el primero que se aprende al entrar en una escuela de Jojutsu.

Al igual que se nos recuerda constantemente para nuestra defensa personal, las técnicas mas básicas son las mas efectivas para derrotar a un adversario, no debemos olvidar, que aunque vayamos a emplear maniobras mas sofisticadas, el éxito de estas dependerá de la atención que hayamos prestado a nuestras "bases."

Este es el significado mas supérfluo de las palabras del Maestro Funakoshi, pero ¿cúal es el mas profundo?

Para el Maestro Funakoshi, al igual que para otros Maestros tradicionales, el prestar atención a las cosas mas simples abarca el saber como extrapolar las lecciones del "dojo" y llevarlas a nuestra vida diaria. Una de las cosas mas sorprendentes de Gichin Funakoshi es ver con que simpleza y humildad vivió todos sus dias. La fama y la popularidad que obtuvo posteriormente, no cambiaron su vida. Continuó siendo el hombre sencillo que siempre había sido. Es una muy buena idea, el mantener en nuestra mente el recuerdo del ejemplo legado por el Maestro Funakoshi, especialmente si comparamos su estilo de vida con el de otros "maestros" actuales. Están mas preocupados por sus posibles contratos en la Televisión y el Cine que por las enseñanzas en el "dojo." Publicitan sus escuelas como si fueran vendedores de coches usados, siendo su actitud tal, que no es de extrañar que tengan dificultades económicas y financieras.

De todo el mundo es sabido, que un par de conocidos "maestros" internacionales han estado en prisión por tráfico de drogas y otros no paran de demandar legalmente por cualquier motivo, a fin de obtener un dinero. Menos serios, pero igualmente desdeñables son aquellos que prometen el "cinturón negro" en cuatro ó cinco años bajo contrato firmado y sellado.

El "budoka" que evita involucrarse a sí mismo en este tipo de asuntos es muy posible que nunca obtenga un contrato cinematográfico, ni que posea una cadena de escuelas por todo el mundo, ni que pueda vivir como "un rey" con el dinero que obtiene de sus clases. Aún así, manteniéndo su atención en las cosas mas simples de la vida y del Arte Marcial, será capaz de alcanzar una clase de "éxito" que la gente mas complicada nunca conocerán.

Es evidente, que los artistas marciales occidentales tienen poco en común cuando se les compara con sus colegas orientales. Los orientales se limitan a hacer aquello que su "Sensei" les ordena en el "dojo," no hacen preguntas ni cuestionan absolutamente nada. Contrariamente, los occidentales quieren saber el "Por qué" de casi todo y... realizan preguntas. Cual es el mejor metodo?

Si uno ha leído las publicaciones de Artes Marciales durante los útlimos años, se habrá dado cuenta de que los estudiantes occidentales "no siguen las órdenes de sus profesores ciegamente." Quieren saber por qué una técnica se ejecuta de esta o de aquella manera. Hay dos preguntas que me gustaría "dejar caer" a aquellos que así opinan. Primera, estos que así hablan, ¿han entrenado alguna vez con sus colegas japoneses? y segunda, ¿su dominio del idioma y la lengua japonesa es "tan bueno" como para saber que nunca realizan preguntas? Creo que la gran mayoría contestaría con un "no" a la primera y aún un número mayor, con otro "no" a la segunda. Aunque no sea evidente a primera vista, hay un mensaje sutil detrás de esta idea tan aceptada de la distinción entre el estudiante occidental y el oriental. El mensaje es que "lo japoneses aparecen como 'robot' insensibles, incapaces de cuestionar y son guiados como un grupo de ovejas." Contrariamente, los occidentales "son mucho mas independientes. Controlan sus pensamientos, son mucho mas pragmáticos y creativos de pensamiento." La idea encubierta es que "los occidentales y los orientales no son simple y llanamente, distintos," el mensaje es "los occidentales, son mejores y su forma de aprender es muy superior."

Como todos los estereotipos que existen en el mundo, la imagen de que los orientales no realizan muchas preguntas, tiene algo de verdad. Muy pocos Maestros en Japón dedican tiempo a explicar quinesiológicamente (ciencia que estudia el movimiento humano) las técnicas ejecutadas en el "dojo." El motivo no es que deseen producir "autómatas del Karate," sino porque saben que el aprendizaje de las Artes no depende del conocimiento que se tenga de su funcionamiento. Para la correcta ejecución de un "Mae Geri" o de un "Gyaku Tsuki" no se necesita el conocimiento quinesiológico de como funcionan los músculos agonistas, los antagonistas, los estabilizadores. Lo que si es necesario es práctica y un "sentido" interno de la técnica que sea asimilado con naturalidad.

Por supuesto que en los "dojos" orientales se realizan preguntas, constantemente. Los "Sensei" y los "sen pai" están contestando preguntas de forma incesante. Pero las respuestas no son verbales, no se utilizan palabras para tal fin. El estudiante experimenta, de primera mano, la potencia del bloqueo del instructor y, a través de práctica y observación, descubre sus "secretos." Es un entrenamiento muy individual, y aunque para un neófito pudiera parecer que los estudiantes son como "robots," cada uno está aprendiendo y asimilando las técnicas a su propio ritmo.

Esta forma de enseñar, no es algo que ocurre por accidente o casualidad. Es el producto de varias generaciones de ensayo y error en diferentes métodos de enseñanza, y refleja la influencia de la filosofía de Chu Hsi, un filósofo posterior a Confucio, quien enfatizaba el auto-descubrimiento, la auto-enseñanza, la auto-disciplina y la auto-perfección. Chu Hsi siempre afirmó que el verdadero aprendizaje debería ser expresado en una acción que resulte de la educación correcta. Si "sabes" pero "no puedes hacer', según Chu Hsi, entonces es que "no sabes."

Uno de mis instructores expresaba la misma idea pero de forma ligeramente diferente. Decía: "¡Calla y entrena!"

La filosofía de Chu Hsi, como la de mi instructor, no solamente aplica a un raza o cultura. Sus palabras nos dicen a todos, que el "camino" no esta en el "saber" sino en el "hacer."

En Iaido, el control del "kissaki" es primordial, pero como afecta este principio al entrenamiento de otras Artes del Budo?

R: La punta de la "Katana" se denomina "kissaki." El experto en el Arte del Kendo e Iaido sabe que debe controlar adecuadamente el "kissaki" de su Katana si desea golpear con éxito a su oponente y evitar ser alcanzado por un ataque. Aunque tal vez no haya tocado una Katana en su vida, el buen practicante de Karate sabe, igualmente, que debe controlar correctamente su "kissaki" para tener éxito en combate.

Si examinamos por un momento la posición de guardia de un practicante novato, nos daremos cuenta de que sus codos no están totalmente alineados y que sus pies carecen de direccionalidad. Contrariamente, un estudiante avanzado será un ejemplo de "kissaki" con sus puños bien situados, su tronco erecto y apuntando en la dirección correcta en perfecta alineación con los codos, pies y rodillas. Estas son los "kissaki" que ha de controlar un practicante de Karate.

Según los grandes maestros de la espada japonesa, las funciones del "kissaki" son cuatro: palpar, proteger, presionar y ofrecer una resistencia "elástica." Como la punta del Katana, las manos y los pies del karateka, deben efectuar estas mismas funciones en combate. Tienen que hacer contacto con el oponente para poder percibir sus puntos fuertes y sus debilidades. Bloquean los ataques, presionan y sienten las acciones del adversario, abriéndo el hueco para un ataque o evitándo ser atacado. Aunque todos estos aspectos son parte del Karate, es imposible dominarlos correctamente si no se tiene un entendimiento y la habilidad correcta en el uso del "kissaki."

Si el lector ha practicado alguna vez el Arte del Kendo, sabrá que uno de los aspectos mas difíciles del combate es superar la fatiga que aparece durante la lucha. Los brazos están cansados, el "shinai" comienza a "caerse" de su posición correcta, etc. …Los boxeadores conocen bien esta sensación cuando sus brazos empiezan a caer después de una serie de asaltos. Su cabeza empieza a ser un blanco mucho mas fácil de alcanzar y se convierte en un objetivo mucho mas vulnerable. Tan solo los verdaderos expertos en Boxeo, Kendo o Karate son capaces de mantener sus "armas" arriba de forma constante. Aunque se pudiera pensar que esta capacidad tiene mucho que ver con la condición física, la verdad es que tiene mas que ver con una atención muy escrupulosa a las bases del sistema.

Desde el punto de vista estratégico, el controlar el "kissaki" significa estar en una mejor posición para lanzar ataques con un mínimo de movimiento y preparación, sin telegrafiar nuestras intenciones al oponente. El karateka, al tener sus puños situados en la posición correcta, puede lanzar golpes directos con cualquiera de las dos manos, directamente hacia su objetivo. El mismo principio aplica a las piernas y pies, las cuales buscan las lineas mas rectas hacia el blanco deseado.

Existe la creencia en el Kendo que todo "budoka" ha de evaluar al oponente "tocando la extensión de su kissaki." De la misma manera, gran parte de la calidad de un karateka puede ser comprobada en como controla su propio "kissaki."

La mayoría de los Katas comienzan hacia el frente, lo que nos lleva ineludiblemente a dos cuestiones relevantes. La primera de ellas es, ¿Porqué la mayoría de los Katas comienzan con una defensa contra un ataque frontal?, si casi todos empiezan así, ¿Porqué los "Heian" (Pinan) comienzan con movimientos hacia los laterales?

Tal vez, algunos datos históricos nos ayuden a clarificar esta paradoja marcial. Tomemos los 26 Katas oficiales de la "Japan Karate Association" como punto de referencia. De los 26 Katas, los cinco "Heian" junto a "Kanku Dai" y "Kanku Sho" comienzan hacia la izquierda. Los primeros dos "Tekki" (Naihanchin), junto con "Enpi" y "Chinte" son iniciados con acciones hacia la derecha, y los catorce restantes... todos con movimientos hacia el frente. Si eres buen matemático, te habrás dado cuenta de que la suma de los Katas mencionados da el número de 25. Hay un Kata que no comienza en ninguna de las direcciones principales anteriormente enumeradas. ¿Sabe cúal es?

Los Kata "Heian" fueron codificados por Itosu Yasutsune, un destacado Maestro de Okinawa alrededor de 1910. Su idea principal era que sirvieran como método de enseñanza para introducir el Karate en las escuelas, formándo éste parte de la educación física. Los 14 Katas que comienzan con movimientos defensivos al frente, son bastante antiguos y fueron creados por Maestros de aquellas época que eran expertos en combate. Se sabe muy poco mas de las motivaciones de Itosu al crear los "Heian," aparte de la mencionada con anterioridad. Algunos historiadores afirman, que Itosu Yasutsune eliminó drásticamente las técnicas mas peligrosas al diseñar los "Heian," convirtiéndolos en un mero ejercicio físico. Si analizamos esto con detenimiento, nos damos cuenta de que algo de razón lleva esta afirmación. Curiosamente, deja en ridículo a aquellos que se dedican a vender "los secretos ocultos" de los Kata "Heian."

Otra posibilidad reside en el hecho de que tal vez, Itosu, se diera cuenta de que el énfasis que se iba a dar al Karate en el siglo XX era muy distinto del que tenía en el siglo XIX. Me explicaré. La típica imagen del Karate de Okinawa en nuestros tiempos, es la de un "budoka" siendo asaltado por ladrones y rufianes cuando se encontraba viajando por un camino. La verdad histórica, es que aquellos que practicaban el Karate era molestados muy raramente por los ladrones. Tenía tal reputación, que los rufianes preferían buscar otras víctimas. Las habilidades técnicas del karateka de Okinawa no eran usadas tanto para este tipo de enfrentamientos como para combates de desafío contra otros peleadores. La fama y reputación de los vencedores de estos típicos desafíos, se extendía a pasos agigantados, lo que hacía que todo el mundo supiera con quien no tenía que "jugarse los cuartos."

Con la modernización de Okinawa, este tipo de tradiciones guerreras y sus desafíos fueron perdiendose en el tiempo. El énfasis del Karate pasó a ser el de método de defensa personal, en donde los ataques pueden venir tanto del frente como de los laterales, incluso del lado mas débil del karateka (que suele ser el izquierdo). Por consiguiente, los Katas "Heian" comienzan con los movimientos en esa dirección.

Debo admitir que existen unas incertidumbres en esta teoría. Dos de los Katas "Tekki," los cuales son mucho mas antiguos que los "Heian," empiezan con movimientos laterales y curiosamente, era los Katas preferidos por algunos Maestros cuya única intención era pelear en combate. De modo que habrá que investigar un poco mas. ¡Ah!, el Kata que no comienza en una de las direcciones principales es "Wankan," que en su inicio toma un paso en 45 grados hacia la izquierda.

Mucha gente gusta de comentar que "los bloqueos en Karate no sirven en una situación real, son demasiado rígidos. Cuando estas defendiendo por un lado, te dan por el otro," Que opina al respecto?

No es muy difícil escuchar estas afirmaciones por parte de algunos practicantes de artes marciales en referencia a los bloqueos (uke waza) realizados en Karate. Las revistas de todo el mundo muestran asiduamente, a un karateka efectuando un bloqueo tradicional y a continuación, una serie de cosas "desastrosas" que le pueden ocurrir si efectúa esa técnica defensiva contra un oponente que "sabe pelear."

El problema con la idea que se quiere transmitir en estos artículos o reportajes es que, o bien los bloqueos están siendo ejecutados de forma incorrecta o tan solo se efectúan como un entrenamiento básico y fundamental. Evidentemente, todo este tipo de ideas tienden a confundir y a guiar erróneamente a los practicantes. Sería largo y complicado explicar de forma detallada los fallos en esos planteamiento, por lo que me centraré en explicar, de forma concisa, el "timing" del bloqueo.

Parece, y deseo enfatizar el término "parece," que un karateka queda totalmente desvalido y desprotegido cuando efectúa un bloqueo clásico y que el oponente va a golpearle en cualquier otra zona abierta. Curiosamente, hay una gran diferencia en como funciona el bloque en las fotografías a como funciona y se aplica en una situación real. Una gran parte de esa diferencia reside en el "timing" del movimiento.

El principio fundamental en la utilización del bloqueo en el Karate tradicional se denomina "kobo ichi," que se traduce como "ataque y defensa simultánea." "Kobo ichi" es la esencia de las llamadas "uke waza," y se encuentra en oposición directa y frontal al concepto de defender y contraatacar en dos tiempos. Puedes apostar todo lo que desees, a que ninguno de los individuos que salen en las fotos, han recibido un "uke waza" correcto. Isao Obata, el gran líder del Karate, estaba destinado en Manchuria durante la ocupación japonesa. Un atacante agarró a Obata en la calle, a lo que este respondió con un simple bloqueo que hizo que el agresor saliera volando hasta un coche que estaba aparcado en la cercanía.

En sus enseñanzas, el Maestro Obata siempre enfatizaba que las técnicas de bloqueo no existían para parar las patadas y puñetazos del oponente, sino para desequilibrarle y ponerle en una situación de vulnerabilidad.

Supongamos que alguien te ataca con un puñetazo y tu te defiendes golpeando con un bate de beísbol en su brazo y a la altura del codo. ¿Te preocuparías de algún puñetazo que pudiera "colarte" con la otra mano? Lo mas seguro es que no. Las acciones de "uke waza" no se aplican de forma lineal y con esa "fuerza bruta," por lo que el ejemplo con es "técnicamente" correcto, pero si da la idea general. Como todos los movimientos en Karate, son circulares y en la mayoría de los bloqueos, no solo el brazo es desviado, sino que simultáneamente es "absorvido" hacia el defensor. Esto provoca que el agresor pierda el equilibrio y la estabilidad necesaria como para lanzar otro ataque devastador, al tiempo que le hacemos "entrar" en la distancia de nuestros golpes. Este, es uno de los signficados de "kobo ichi."

En un "dojo," las técnicas de bloqueo y ataque se enseñan de forma separada a fin de que los estudiantes puedan aprenderlas correctamente. Cuando estos progresan en su entrenamiento, el karateka deberá intentar aplicar estos dos aspectos del combate como si fueran uno solo. Con el paso del tiempo, ambas acciones estarán perfectamente coordinadas hasta tal grado, que parecerán solo una. No se trata de "bloqueo-pausa-ataque," como se muestra en las revistas sino de bloquear de forma que se desequilibre al oponente, se le produzca un daño considerable y se le coloque en la distancia de nuestros golpes.

Para que el lector pueda comprender los errores fundamentales sobre las técnicas de bloqueo, tan solo decir que "bloqueo" es una traducción muy "básica" y poco específica del termino japonés "uke waza." De hecho, el concepto y los principios de "uke waza" tienen bastante poco que ver con el signficado occidental de la palabra "bloqueo."

Para entender verdaderamente esto, los "no karatekas," deberían experimentar las acciones de "uke waza" del Karate, no en una revista, sino en un verdadero "dojo" en donde, los resultados serán dramáticamente, mucho mas obvios.

Por que el entrenamiento en el makiwara es tan importante cuando, por ejemplo, los boxeadores occidentales no utilizan ningun metodo similar?

Cuando nos paramos a comparar los sistemas de combate occidentales con los orientales, hay ciertas diferencias que son evidentes, otras... no lo son tanto. Una de estas diferencias que pueden pasar desapercibidas a primera vista, pero que son verdaderamente relevantes es la utilización de distintos aparatos como métodos de entrenamiento. Para el boxeador, por ejemplo, el principal aparato de entrenamiento es el saco pesado y, segundo en la lista, el llamado "puching ball" o "pera rápida." Ambos utensilios estan diseñados para desarrollar una serie de cualidades en el boxeador, que son necesarias para combatir en un "ring."

En el Arte del Karate siempre se ha utilizado el saco pesado y ocasionalmente el "puching ball," pero el mas caracteristico método de entrenamiento siempre ha sido, y será, el "makiwara." Curiosamente, el Boxeo no existe ningún aparato que haga al practicante golpear como lo exige el uso del "makiwara." Y uno se pregunta el motivo.

Posiblemente, hace mucho, cuando el Boxeo era un método de defensa personal y no un deporte, si existía un método de entrenamiento similar al makiwara, pero que debió ser descartado posteriormente cuando el Boxeo se convirtió en deporte. Tal vez, en el Karate llegue a pasar lo mismo. Si el devenir de los tiempos nos lleva a una concepción mucho mas deportiva del Arte, inexorablemente, el "poste" se verá relegado a un "rincón sin sentido" en la mayoría de los "dojo" de todo el mundo. Si esto llega a ocurrir, o mejor dicho, continua ocurriendo, los karatekas de todo el mundo se verán afectados con una pérdida irremediable, puesto que el "makiwara" enseña muchas lecciones al practicante que presta atención. Como cualquier karateka tradicional puede constatar y afirmar, el papel del "makiwara" en el arte del Karate ha sido desvirtuado constantemente a lo largo de los últimos años de historia marcial. Muchísimas veces la explicación de su uso se ha limitado a ser "un aparato para endurecer la mano" y hacer que salgan callos enormes en los nudillos del practicante. Aparte de poder impresionar a otros jóvenes compañeros y amigos y convertirse en "carnaza" para traumatólogos y cirujanos especializados en huesos, tendones y ligamentos, no veo ningún tipo de sentido en esto. Cualquiera que sea el motivo de esto, no tiene absolutamente nada que ver con la verdadera razón de ser del "makiwara." El sentido y la idea real detrás de cada golpe dado al "makiwara" no es endurecer la mano y acondicionar los huesos de la misma, sino preparar y acondicionar el resto del cuerpo que se encuentra "detrás" de esos nudillos. Ya sé que puede sonar raro, pero es la verdad. Aunque algunos puedan pensar lo contrario, al golpear algo duro, nos hacemos daño. De hecho, cuando golpeamos algún objeto en un momento de ira, descubrimos que puede ser incluso mucho mas doloroso que recibir un golpe.

Evidentemente, para el karateka que golpea a un oponente, puede existir un riesgo similar. Usando todo su cuerpo de la forma correcta y transmitiendo toda la fuerza y energía posible, logra golpear muchisimo mas fuerte que una persona normal, sin entrenamiento alguno. Cuando el golpe conecta con su objetivo, parte de esa fuerza es transferida, de vuelta, al cuerpo del karateka. Para ayudar a absorber la energía de retroceso, el karateka aprende a relajar todos sus músculos, un segundo inmediatamente después de haber hecho contacto con el blanco. Esto ha de efectuarse constantemente hasta que se convierte en un proceso totalmente reflejo: relajación-tensión-relajación.

Sin embargo, esto no es suficiente. El karateka, debe sentir de una forma mucho mas real, la sensación de golpear a un blanco, poniendo en prácticar las diferentes contracciones y relajaciones de sus grupos musculares. Lo ideal seria, que pudiera hacer esto golpeándo un cuerpo humano. Los grandes "espadachines" del Japón antiguo, entrenaban sus técnicas de espada con los cuerpos de los condenados a muerte.

Los karatekas en nuestros días necesitarian miles de "sparrings" si este método fuera empleado en la actualidad, por ello, el "makiwara" es un substituto muy adecuado. Cede, al impacto, pero lo justo para dar al practicante una estimación adecuada de su propia fuerza, enseñándole a controlarla y absorverla en el interior de su cuerpo.

Aún recuerdo los dos primeros "makiwaras" que use. Uno era una especie de saco pequeño, sujeto a un poste y relleno de trozos de goma dura. El otro, una versión mucho mas clásica y antigua, hecha de esparto enrrollado.

Recuerdo ambos en el jardín de uno de mis Maestros. Uno de ellos destrozaba la piel de mis manos, el otro era un poco "mas condescendiente." Un día entrenaba en uno, y al día siguiente en el otro. Ninguno de los dos estaba diseñado para "otorgarme" unos callos grandiosos, pero después de algún tiempo de entrenar con ellos, evidentemente se creó en mis nudillos unas "ciertas durezas." entrené con ellos todos los días, golpeándolos cientos de veces y si mis pensamientos "se iban a otro lugar," el "makiwara" se encargaba de hacerme regresar por medio de una distensión en mi muñeca o un agudo "pinchazo" en algún nudillo. No podía tener ningún "lapsus" mental.

El entrenamiento con el "makiwara" exige miles de horas de dedicación y práctica correcta. No permite un error, de lo contrario se pagan las consecuencias inmediatamente. Esta, es la lección principal del "makiwara." La misma que nos enseña el Arte del Karate.

Cuan importante es el uso y el entendimiento de la estrategia en el campo de batalla?

Cuando uno estudia y analiza la utilización de "Heiho" por parte de legendarios artistas marciales de la talla de Kamiizumi Nobutsuna y Tsukahara Bokuden, no puede dejar de pensar en cómo sus vidas se veían amenazadas en cada enfrentamiento. Tal vez, esto es exagerar un poco. Es muy dudoso que el mundo y la sociedad en la que vivían estos Maestro fuera mucho mas violenta que la actual. Sea como fuere, las estrategias empleadas por los ancentros fueron útiles porque supieron aplicarlas a su vida diaria. Por cada uno de los duelos en que Nobutsuna y Bokuden pelearon y vencieron, hubo diez que supieron evitar inteligentemente.

Algunos de estos encuentros se evitaron puesto que ambos guerreros supieron aplicar la estrategia en sus actos mas cotidianos. Por ejemplo, siempre solían sentarse en un lugar en donde el lado derecho estaba despejado de objetos: tenían que poder desenvainar de forma rápida en cualquier momento. Las luces en sus habitaciones, estaban situadas de tal forma que su figura nunca quedaba reflejada en las paredes de papel. De esta manera, su silueta nunca representaba un blanco fácil para sus enemigos colocados en el otro lado. Para estos guerreros, estas eran precauciones y riesgos habituales en el estilo de vida que habían elegido. Aunque en la actualidad, no llevamos espadas ni estamos preocupados constantemente por asesinos que puedan atentar contra nuestra vida, el usar el mismo tipo de sentido común nos será de una gran utilidad.

Esta semejanza, me vino a la mente cuando un día vi entrar en un Gimnasio a un joven que vestía el "karategui" con unas zapatillas. Venía de la calle y se disponía a entrar en una clase. La verdad, es que vestir el "karategui" con zapatillas y andar por la calle, no hace mas que poner en ridículo a la persona. Casi todo el mundo que actúa así, suelen ser principiantes o practicantes de un grado bajo. La persona que lleva cierto tiempo entrenando en las Artes del Budo, sabe que este tipo de cosas "no se han de hacer." He visto, igualmente, a un profesor de Aikido que se disponía a dar una demostración, pasar entre medias de una multitud vistiendo su "gi" y "hakama" por la calle. Tal vez, pensaba que esto le hacía "mas japonés" o que le daba un aspecto "mas serio." Los jugadores de fútbol son serios y profesionales y no por ello visten sus uniformes desde que salen de su casa hasta que llegan al estadio.

A parte de todo esto, hay varias razones prácticas por las que no se ha de vestir el "gi" fuera del "dojo." Imagínate como quedaría tu "gi" después de cambiar una rueda en plena calle o de tener que meterte debajo del coche a revisar los frenos. Bromas a un lado, hay un motivo mucho mas serio e importante para no hacerlo: es una mala estrategia.

Supongamos que el karateka está conduciendo camino de su domicilio después de entrenar y se da cuenta de que se está quedando sin gasolina. Siento decirlo, pero la imagen de una persona saliendo de su coche con un "kimono" de Karate puesto y yendo a echar gasolina, es verdaderamente... ridícula. Desgraciadamente, hay un iditota que, muerto de la risa, da un grito,"¡yaaaa!," ridiculizándole. El karateka pone cara de asombro y el "tipo duro" toma este gesto como un desafio. Frena su coche y sale de el. Se transciende del dialogo y el "tipo" ataca al karateka (en "kimono"). Este se defiende y le deja boca arriba en el suelo. Llega la policía y el "tipo duro" dice:

"Arresten a este hombre. Me tiró una piedra al coche y cuando salí me golpeó." Ya, ya sé que la misma historia podría contarla aunque nuestro karateka vistiera una camiseta y pantalones vaqueros, pero por un momento imaginemos como cambia el panorama cuando añade: "Miren a este "brus li" andando en kimono por la calle en busca de problemas. Está loco." Nuestro amigo karateka se ha metido en una situación peligrosa por culpa de una mala estrategia.

El llevar puesto el "gi" cuando se va o se viene del Gimnasio no parece que sea de una gran transcendencia, mas o menos como el estar siempre listo y buscar una posición correcta para poder sacar la espada de forma veloz de nuestro Samurai. ¿No? La mayoría de las veces no ocurrirá absolutamente nada, pero tan solo se necesita que ocurra... una sola vez.

Los budokas de la actualidad no solo deben pensar en esta estrategia, sino muchas otras que le ayudarán a evitar problemas y situaciones peligrosas. Si Bokuden estuviera vivo en nuestros días, ¿llevaría puesta una camiseta que proclamara su escuela y Arte a todo el mundo que andara por la calle? ¿Llevaría Nobutsuna una pegatina en el coche indicando que estilo de Arte Marcial practica? Por su puesto que... no. La estrategia no existe solamente para ser utilizada en el campo de batalla.

Es evidente que los occidentales son amantes de la exageración. La cultura occidental ha creado ciertos términos como "superestrella," dando a gente de escaso talento, que se dedica a escribir, el título de "novelistas." No es de extrañar pues, que los occidentales se hayan enamorado con el término japonés "Soke," que viene a signficar "gran maestro" o algo parecido. ¿Cual es el verdadero sentido de este termino?

En Japón, hay tan solo un grupo muy pequeño y de número muy reducido que llevan este título. En Occidente, cualquiera que crea una organización y se respalda por unos cuantos altos grados de otros estilos, se autodenomina "Soke." Así de sencillo. No es difícil encontrar a "maestros" (?) con menos de 40 años, que poseen 8° Dan, que no hablan absolutamente nada de japonés y que proclaman a los cuatro vientos ser "cabeza de un estilo" ancestral con raíces en el Japón antiguo. Esto es como si "la Escuela de Cocina francesa "Cordon Bleau" eligiera a un adolescente japonés como Presidente, sin que el nipón hable una palabra de francés."

Tal vez esta epidémia de "soke-titis" se deba a que el número de practicantes occidentales en Artes "clásicas" (ko-ryu) está incrementando substancialmente en los últimos años. En estas Artes, la titulación es de gran importancia. Mi temor reside en que "me da la impresión" que estos individuos están mas preocupados en la graduación y titulación, que en el conocimiento en si. Evidentemente esto es un error, puesto que se malutilizan las palabras, perdiendo éstas su signficado y valor real. Afortunadamente, nada descubre antes a un impostor que su desenfrenado interés en la insistencia de obtener grados y títulos.

El término "Soke," en realidad, no tiene nada que ver con las Artes del "Budo." Este nombre, fue utilizado específicamente por el líder de la escuela Kanze del teatro japonés denominado "Noh." Este título ha sido pasado a través de generaciones dentro de la Kanze-ryu de esta rama dramática y en la actualidad su poseedor es Kanze Sakon.

Con el paso del tiempo, otras escuelas clásicas comenzaron a utilizar el término para describir la línea sucesoria en relación al fundador. Debemos considerar que, a veces, el "Soke" de la escuela no es la persona con mayor edad o con mayor cantidad de conocimiento. En varias Ko-ryu, el "Soke" es una figura que, no necesariamente, participa en la instrucción del Arte. "Soke" es un término dado al creador de un estilo o una tradición, y siempre ha de ser usado en un sentido restrospectivo, refiriéndose a alguien en el pasado.

Es muy significativo el hecho de que ningún Maestro actual de Karate Do, Kendo, Judo, Aikido, etc… se hace llamar a sí mismo "Soke." Una vez, el Maestro Masatoshi Nakayama fue preguntado al respecto y constestó: "El Maestro Funakoshi deseaba separar su Arte de las escuelas feudales, por lo que nunca usó este término. Evidentemente, yo tampoco tengo por que hacerlo."

La mayoría de los Maestros y líderes mundiales de las Artes Marciales están de acuerdo en que se refieran a ellos como "Sensei." La única excepción, posiblemente, es el Arte del Aikido, en donde el "cabeza del estilo" es llamado "O Sensei" o "Doshu." Incluso en las Artes mas clásicas, el término "Soke" no se suele utilizar y mucho menos por los Maestros en cuestión.

Evidentemente, aquellos que están deseosos de emplear este término no se convencerán con estas palabras y dejaran de hacerlo. Es una pena, puesto que las palabras no son lo único malutilizado en nuestros días. Tal vez sea impresionante para algunos, para otros este valor es… tan solo una ilusión.

Siempre oimos frases como: "me gustaría entrar en un Gimnasio de Karate, pero uso gafas y me preguntó ¿si podría hacer "Kumite"?, o "me gusta el Aikido, pero tengo unas articulaciones muy sensibles, ¿me gustaría saber si puedo pasar sin que me hagan palancas y luxaciones? Que denotan este tipo de actitudes?

Si pregunta a varios Maestros de algún Arte del Budo si algunas de estas afirmaciones le son familiares, seguro que sonrie, asiente con la cabeza y le dirá unas cuantas mas que Vd. jamás ha oído. Este tipo de excusas son algo que normalmente salen de la boca de posibles estudiantes que, en teoría, están interesados en practicar. Son lo que algunos denominamos "un exceso de equipaje."

Cuando una persona interesada se acerca a la puerta del "dojo" no necesita mucho mas que estar en una forma física y mental razonable y tener el deseo de aceptar, con una mente abierta, lo que se va a encontrar. Sin embargo, es muy normal ver como un posible estudiante piensa que "requiere de una serie de consideraciones especiales," que tiene una serie de peculiaridades que lleva consigo mismo de forma constante, como si fuera un "exceso de equipaje." Tiene la sensación, como todo humano, que es muy especial y que se le deben una serie de consideraciones diferentes al resto. Cree que debe, con toda justicia, avisar al profesor de todos estos aspectos, de forma que éste pueda tratar con él de la forma apropiada en las clases.

El principiante, seguramente sin darse cuenta de ello, sin haber puesto todavía un pie en el "dojo," está empezando a recibir instrucción del profesor. Este último podrá comportarse de dos maneras distintas; escuchar de forma paciente y explicar que intentará hacer todo lo posible y que tendrá en consideración la información recibida del estudiante, o podrá escuchar atentamente y explicarle que de ninguna manera el "exceso de equipaje" podrá entrar en el "dojo" con él, y que aunque le pueda parecer mentira, el estudiante se encontrará muy bien sin el. Si uno encuentra al primer instructor, enhorabuena; ha tenido suerte de localizar un "médico barato" que le ayudará a reforzar todas las ideas preconcebidas anteriormente sobre sí mismo. Si es el segundo tipo de profesor con el que damos, será mejor recibirlo como una bendición; ha encontrado un "Sensei" que le enseñara muchas cosas sobre sí mismo, que ni tan si quiera la misma persona conoce aún.

La idea es que, aunque todas estas necesidades individuales y hándicaps personales pueden parecer muy importantes...no lo son tanto. De hecho, no son nada especial. Si uno puede ir a un "dojo" por su propio pie, está en la forma necesaria para empezar a entrenar allí. Por supuesto que su asma y su miopía junto a la carencia de flexibilidad pueden ser un problema. Pero si tenemos la oportunidad de preguntar a esa persona que se encuentra en la otra esquina del "dojo," tal vez tenga una artrítis galopante, y el compañero de enfrente una deformación en la cadera, si justo aquel que está a la izquierda del otro practicante que sufre una bronquitis crónica. Lo que es casi seguro, es que todos ellos comenzarón a entrenar pensando que "su" problema era algo muy especial.

Una de las caracteristicas mas relevantes de las Artes del Budo, es la amplitud de sus caminos ("do"). El Karate, el Judo, el Aikido, el Kendo, etc... no fueron creadas tan solo para los orientales, o tan solo para los hombres, o tan solo para los atletas. Fueron desarrolladas para el beneficio de todo el mundo, pero debido a su naturaleza, no se puede dar una consideración especial a nadie.

¿Tienes un problema en la rodilla izquierda? Bueno, tal vez tus patadas no sean tan potentes y rápidas como las mías. Yo tengo un problema de ligamentos y tendones en mi hombro izquierdo, por lo que mis puñetazos y golpes efectuados con el brazo izquierdo no serán tan potentes como los tuyos. Pero cuando el instructor cuenta y da la orden de ejecución para cada golpe, todos debemos dar lo máximo que podamos, incluso aunque nuestro límite sea inferior al del compañero de enfrente. Ninguno de los dos podremos conseguir eso si llevamos "un exceso de equipaje."

En las casas de té tradicionales del Japón, existe una puerta a la que se denomina "nijiri-guchi." Contrariamente a una puerta normal, es muy estrecha y pequeña. Cualquiera que desee participar en la ceremonia del té, deberá pasar a través de ella con humildad, agachándose y casi entrando a gatas. La puerta de la Casa del Té, está abierta para todo el mundo, pero tan solo hay una forma de entrar, y no se hacen excepciones, no importa la edad en la que uno se encuentre.

La puerta de un "dojo" es, tal vez, distinta en apariencia pero en realidad es muy similar a la "nijiri-guchi." Tan solo hay espacio para que pases "tū," por lo que habrás de dejar el "exceso de equipaje" en el exterior. Sea lo que sea que dejes detrás, no lo echarás de menos. Puedes estar seguro.

Estan de moda en todo el mundo los 'cursillos' y 'seminarios' de Artes Marciales, tienen algo que ver con lo denominado tradicionalmente como "gasshuku"?

"Gasshuku' es un término muy común entre los budokas de un "dojo" tradicional. Recientemente la crecido el interés por los "entrenamientos especiales" o, como son llamados por algunos, "seminarios."

Sinceramente, es un buen síntoma que los occidentales (karatekas) comiencen a tomar en serio y hacer parte de su cultura, la terminología japonesa utilizada en las Artes. Lo mas importante si cabe, es que sepan utilizar las palabras y los términos de la forma adecuada.

Cuando un karateka tradicional utiliza el término "gasshuku" está hablando de una sesión de entrenamiento al aire libre. Un "gassshuku" típicamente japonés, comienza con un "footing," seguido por 100 repeticiones de un Kata seleccionado por el Sensei. En un "Gasshuku" de Judo, al que asistí hace ya bastantes años, nos pasamos medio día, inmersos en el rio, con al agua hasta la cintura y empujando troncos de árboles. El ejercicio no tenía otra finalidad que acondicionar, de una forma totalmente diferente, nuestro cuerpo…y mejorar nuestros desplazamientos.

Los "gasshuku" se realizan mayormente a campo abierto y requieren de una colaboración entre todos los asistentes. Se diferencian de los "seminarios," en que el entrenamiento formal es relativamente reducido. Los profesores entrenan junto a los alumnos y se reparten las tareas en la cocina y la limpieza. El principal propósito y la verdadera finalidad del "gasshuku" es la unidad y el desarrollo del sentimiento de hermandad entre los miembros del "dojo."

Lo que hoy se denomina "seminario" posee un término correcto en japonés que es "kamoku." Un instructor invitado ofrece una clase especial. Hay que decir que este término es relativamente moderno dentro de las Artes del Budo. En la antiguedad, el alumno tan entrenaba bajo la guía de un solo Maestro, por lo que no había invitaciones a otros instructores, y el compartir el conocimiento no se daba a menos que fuera en forma de duelo... a muerte. Tal vez, algunos puedan pensar que esta forma moderna de vender cosas que no se saben del todo bien es un método muy superior al usado por los ancestros.

Otro término que puede ser muy útil es "koshu." "Koshu" indica una curso relativamente corto que ofrece el Sensei a los estudiantes mas avanzados, una clase especial para alumnos de cierto nivel. Por ejemplo, un Maestro de Aikido, puede ofrecer un "koshu" sobre "kaeshi waza" a sus alumnos. O un Sensei de Karate realizar un "koshu" sobre técnicas de defensa personal desde una posición sentada.

Una sesión completa que esté dedicada a exámenes se denomina "shinsa." Aunque "shinsa" es siempre una parte difícil del entrenamiento para el budoka, la verdad es que tal vez, no sea mas que una espera de los resultados. Su profesor, seguramente, sabe de sobra si está capacitado para el siguiente nivel o no. El anuncio formal de los resultados del exámen se denomina "happyo." Una vez que el ritual de "happyo" ha finalizado, es cuando vienen las felicitaciones y...las condolencias.

Aunque en la mayoría de los "dojos" este es el final, en los mas tradicionales después de "happyo," viene inmediatamente el "kaisetsu," que no es mas que la explicación detallada de los resultados de los exámenes. El instructor explicará detalladamente lo que quería ver en relación a técnica, espiritú, actitud, etc., en los estudiantes examinados. Destacará los aspectos que los alumnos han realizado correcta e incorrectamente, dejándo saber quienes tienen que trabajar mas y en que facetas del Arte. El "kaisetsu" hace que los exámenes sean mas interesantes y ayuda a aliviar la fustración que sigue a no pasar de grado.

"Gasshuku," "Kamoku," "Koshu" y "Kaisetsu"; cuatro palabras que todo budoka tradicional no debería olvidar.

Cual es su opinion del conocido "golpe de la muerte retardada"?

Es una ciencia esotérica que siempre me ha atraído, aunque la he considerado un "fascinante sin-sentido." Se le da el nombre de "Sannen goroshi" o "Gotsuki goroshi"; el arte de matar a un oponente aplicandole un golpe que no hará efecto inmediatamente, sino que tendrá su efectividad al cabo de los tres años (sannen), cinco meses (gotsuki) o cuando el "maestro" diga. En el círculo de los karatekas tradicionales, esta técnica se conoce popularmente como "okurasu goroshi" o "matar con posterioridad."

Es cierto y comprobado, que las artes chinas son el mejor "campo de cultivo" para este tipo de creencias. Los relatos nos cuentan de Maestros de Kung Fu que, después de haber dominado todas las técnicas de "tien hsueh" (puntos vitales) eran capaces de combinarlas con la aplicación de la "muerte retardada." Algunos de ellos, parece ser que eran tan hábiles que no necesitaban golpear a sus adversarios, un simple roce era bastante para transmitir sus poderes devastadores.

Durante muchos años se han ofrecido diversas y distantes explicaciones a este tipo de técnicas de "efectividad retardada." Según los textos chinos relacionados con el tema, los canales del "chi" fluyen a lo largo del cuerpo en intervalos regulares de tiempo. Si son manipulados de forma correcta, el resultado es un desequilibrio en su función, lo que provoca una muerte cuyo tiempo puede ser predecido con ligero margen de error. Otros eruditos del tema insisten en que no es solamente importante el golpe en el punto vital, sino en como se aplica tal golpe. Afirman que es la vibración del golpe de Karate o Kung Fu, lo que prueba la efectividad del Arte. Algunos otros, afirman tener ciertos poderes, estilo "vudú" y atribuyen a éste su destreza en la técnica de la "muerte retardada." Los relatos provenientes de Japón y Okinawa, carecen de ciertos "elementos paranormales" si los comparamos con sus antecesores chinos. Aún, y con todo eso, tienen algunos.

Un día decidí verificar, con mis Sensei, la autenticidad de estos relatos. Mis dos instructores, se caracterizaban era por ser tremendamente pragmáticos. Ambos tenían licenciaturas en estudios económicos y ninguno de ellos prestaba demasiada atención a este tipo de historias. Curiosamente, ambos creían en "okurasu goroshi" y uno de ellos, me dió una explicación que me gustaría comentar aquí.

Cerca de la villa de Yonabaru, en Okinawa, vivía una practicante de Karate llamado Hiro, quien poseía una reputación como persona diestra en las técnicas de "okurasu goroshi." De hecho, durante los últimos meses de la II Guerra Mundial, Hiro tuvo que utilizar el Arte para defenderse. Se enfrentó contra un soldado japonés que se había perdido de su unidad y que terminó "incordiando" a la persona equivocada. Hiro rompió el brazo del soldado y le golpeó. El puñetazo lanzó hacia atrás al soldado, pero no le hizo mas...aparentemente. Antes de que Hiro desapareciera en el bosque, advirtió al soldado que iba a morir al cabo de tres días. El sargento japonés regresó a su campamento y...murió a los tres días. Su sangre estaba infectada, dijerón.

Durante las décadas posteriores, esta historia fue repetida innumerables veces e Hiro fue uno de los Maestros mas solicitados de Okinawa. Paradójicamente, Hiro siempre se negó a transmitir tales conocimientos, hasta pocas semanas antes de morir, cuando decidió hablar sinceramente con un estudiante: "El golpe ha de ser dado con 'tegatana' y como un palmo por encima de 'inazuma.' Así es." No explicó, o tal vez no pudo hacerlo, el por qué este golpe tuvo el efecto que tuvo en su enfrentamiento con el soldado japonés. El discípulo en cuestión, pasó este conocimiento a otros estudiantes, y uno de ellos decidió explicárselo a un médico. El doctor dijo: "El golpe, tal y como se me ha descrito, fue efectuado con el canto de la mano, lo que proporciona una mayor superficie de impacto si lo comparamos con un puñetazo. El ataque se efectuó al nivel de bazo." El doctor afirmó que el golpe de Hiro podía haber dañado sensiblemente el bazo, cuya finalidad es regular la aportación de sangre. Afirmó que con un golpe así y con el bazo dañado, la persona podría morir en unos tres días, el tiempo necesario para que el bazo roto causará una infección general.

Tal vez este ejemplo pueda aclarar algo sobre las técnicas de "okurasu goroshi," aunque está claro que no todas nuestras preguntas encuentran la respuesta en la ciencia. Pero, ¿cómo Hiro podía saber los efectos y el tiempo que tardaría la infección en extenderse y provocar la muerte del soldado? y ¿cómo fue capaz de controlar su golpe para que éste infringiera el daño deseado y no mas?

Las respuestas se encuentren en la ciencia… o tal vez en la tumba de un karateka en la Villa de Yonabaru.

Hay pocos elementos que distinguen con claridad un verdadero "dojo" de entrenamiento tradicional de una sala utilizada para practicar un Arte Marcial, que pude decirnos al respecto?

Sin lugar a dudas, el "dojo" que no tenga la guía de un instructor tradicional estará decorado de una forma muy particular y se verá poblado de trofeos, murales, posters, etc… que ayuden a "llenar" el espacio.

Hace tiempo, un amigo muy querido, me informó que había visitado en una ciudad un "dojo" propiedad de un instructor que afirmaba ser un Maestro de un "ryu" que no era conocido por nadie.

Mi amigo me dijo: "el lugar se parecía a un restaurante polinesio" en alusión a todos los elementos decorativos y folklóricos que allí se podían ver. Evidentemente, esto estaba en directa oposición a la imagen de un "dojo" tradicional en donde toda decoración superflua es eliminada y cualquier tipo de mobiliario debe tener una utilidad concreta o servir para un propósito religioso.

En un "dojo" tradicional, la pieza decorativa que mas llama la atención tal vez sea lo que parece ser una casa en miniatura, colocada en una especie de repisa en una zona no muy apartada de la habitación. Su nombre es "kamiza" y esta hecho de madera. Son altares de la creencia Shinto, y según esta religión, es la "casa de los espiritus" de los ancestros del "ryu" y antepasados del estilo. El artista marcial tradicional presta una atención considerable al "kamiza" en todos sus rituales. Las sesiones de entrenamiento deben comenzar con un saludo y una palmada denominada "kashiwade," que sirve para atraer la atención del espíritu. Durante la práctica y el entrenamiento, el practicante intentará no dar la espalda constantemente al "kamiza" y, bajo ninguna circunstancia, cualquier tipo de arma deberá estar apuntando al altar. Todo esto tal vez pudiera parecer fuera de contexto e innecesario, especialmente para aquellos que no confiesan las creencias "shintoístas." Sin embargo, si eres capaz de adquirir un "kamiza," es muy difícil obtener uno auténtico en Occidente, y lo colocas en tu "dojo," proporcionará una mejora del lugar de entrenamiento de la que no te arrepentirás.

Los verdaderos altares Shinto en Japón suelen ser muy grandes, de una arquitectura muy elaborada y de un tamño no mayor a una cabina de teléfonos. Sin importar su tamaño, los "jinja" (nombre del altar en japonés), se colocan siempre en una zona relevante. Algunos pueden verse en los parques o en otras zonas rodeadas de verde y vegetación. Uno no puede acercarse a un "jinja" sin percibir que ha entrado en un lugar especial que merece un respeto. El situar un "kamiza" en tu "dojo" es el primer paso para crear una atmósfera de respetuosa actitud.

Otra cualidad de los altares Shintoístas es su identificación con la cultura japonesa. Es imposible profundizar en ciertos niveles del Budo sin tener un mínimo entendimiento de la cultura que ha creado las Artes. El "kamiza" es una especie de reconocimiento de esta cultura. No se trata de que nadie cambie de religión o de que se deba enseñar una creencia o dogma en el "dojo." El tener un "kamiza" en el "dojo" no identifica al propietario como un "shintoísta," sino que indica que el Arte practicado tiene lazos históricos con el Japón.

Tal vez, la parte mas importante de tener un "kamiza" en el "dojo," es como nos afectará personalmente. Puede que no creas en que hay espíritus que pertenecen a los ancestros, o que los anitguos miembros del "ryu" se encuentren allí, pero el sentarte delante del altar, te ayudará a pensar en ellos. Te darás cuenta de que no somos lo mas importante de la tierra, sino tan solo un pequeño eslavón en la cadena de la historia. Si no fuera por nuestros ancestros y por aquellos que nos precedieron, hoy no estaríamos aquí. Estamos en deuda con ellos, y una pequeña pausa delante del "kamiza" nos lo recuerda. El "kamiza" nos insta a que nos miremos a nosotros mismos. Cada vez que nos sentamos delante de un "kamiza," nuestra imagen es reflejada de vuelta. Su presencia es la prueba de que tomamos nuestro entrenamiento en serio. Indica que hay muchas mas cosas que podemos adquirir en el "dojo" que tan solo el conocimiento técnico.

Si sigues mi consejo e instalas un "kamiza" en tu "dojo," no esperes milagros. No mejorará tu "Gyaku Tsuki" ni la ejecución de un Kata, pero dale un poco de tiempo,... digamos unos diez años aproximadamente. Entonces, mira hacia el pasado y verás como el "kamiza" tiene, al menos, un poco que ver con que seas un artista marcial mucho mejor que antes.

Cual es el autentico sentido de "mikiru" en el arte del Karate Do?

El recién llegado a un "dojo" suele pasar la mayor parte de su tiempo aprendiendo a como bloquear y parar ciertos golpes. El objetivo final del karateka es saber como efectuar esos devastadores bloqueos que hagan innecesario cualquier tipo de maniobra de contraataque. A través de este entrenamiento, el karateka continuará puliendo sus técnicas de "uke waza," pero al mismo tiempo será introducido a otras formas de anular un ataque. Una de las mas sofisticadas e interesantes son las maniobras de "mikiru waza" o "técnicas de abandono."

Si preguntamos a cualquier japonés sobre el significado de "mikiru" nos dirá que es "ceder" o "abandonar algo." Dentro del "dojo" se utilizan las mismas palabras, pero su significado varia ligeramente. Este es un ejemplo de "mikiru waza"; situaté frente a un compañero y coloca tu mano mirándo hacia él a la altura del pecho. El compañero ha de tomar la posición de "Zenkutsu Dachi." Este, extenderá su "gyaku tsuki" hasta tocar la palma de la mano a una distancia suficiente como para hacer un ligero contacto. Esta es la distancia correcta. Ahora podrá golpear con fuerza. Permítele que lo haga otra vez. La próxima vez, justo antes de que haga contacto con tu mano, retírala tan solo unos tres o cuatro centímetros. ¿Qué es lo que ocurre?

Su puñetazo, potente y centrado las primeras veces, se "ha perdido." Su posición es vulnerable, ha perdido parte de su equilibrio y está a "nuestra disposición." Pues bien, acabas de aplicar la estrategia de "mikiru," has "abandonado" tu posición permitiéndole atacar el espacio en donde se encontraba la mano anteriormente. Evidentemente, un adversario no va a atacar nuestra mano, pero el principio es el mismo. El practicante que use las acciones de "mikiru waza" dejará que el golpe casi esté encima, apartándose de forma repentina. Inmediatamente, efectuará una acción de contraataque que le dé la victoria.

Por supuesto, que existen una gran cantidad de detalles que han de ser perfeccionados antes de que podamos hacer de "mikiru' un aspecto de nuestra estrategia en combate. Si uno tiene unas piernas, o mas específicamente unos tobillos muy débiles o frágiles, este tipo de técnicas serán de muy difícil aplicación. El error mas común en la ejecución de las técnicas de "mikiru" es desplazarse hacia atrás demasiado y errar en la recuperación de la distancia. El no entrar en la distancia cuando contraatacamos, nos hará perder la distancia y nos dejará vulnerables para una nueva acción del oponente. Las piernas tienen que ser como un muelle. Las caderas han de ser fuertes igualmente. No es extraño ver a practicantes que evitan el golpe pero que son incapaces de aplicar la fuerza de sus caderas de la forma adecuada, lo que debilita tanto su posición como su acción de contraataque que es, erróneamente, llevada a cabo por los hombros.

Una vez que se ha asimilado la idea y el concepto de "mikiru," el siguiente ejercicio es colocarse frente a un compañero que empujará con las dos manos sobre nuestros hombros. Desplaza hacia atrás cuando él empuje, y mueve hacia adelante empujándole tú, cuando haya fallado en su acción. Cuando ambos domineis este ejercicio, el compañero podrá empezar a intentar evitar tu acción, lo que mejorará su velocidad y coordinación. Tan solo cuando se domine este ejercicio, se deberá comenzar a utilizar técnicas propias del Karate.

Los dos principios fundamentales de "mikiru" son el "timing" y la distancia. Si mueves hacia atrás muy pronto, el oponente tendrá suficiente espacio como para encadenar otro golpe. Si mueves demasiado tarde…serás golpeado.

No olvides que es muy distinto el evitar un ataque cuando un oponente nos ataca y tenemos varios intentos de prueba para adaptar la distancia, a tener que reaccionar correctamente frente a alguien que nos va a pegar de verdad y que está alterando la distancia constantemente. Esta, es la verdadera prueba de "mikiru."

Hoy dia vemos muchas discrepancias entre maestros acerca de detalles aparentemente insignificantes, cuan importante son estos "detalles" en realidad?

Cuando un carpintero en Occidente necesita hacer una línea recta, utiliza una regla; cuando necesita una curva, toma el compás.

Cuando un carpintero en Oriente busca hacer una recta, toma algo parecido a una regla que recibe el nombre de "sumi-tsubo." Es un utensilio que requiere que una cuerda sea mojada en tinta y posteriormente puesta sobre la madera. Curiosamente, cuando el carpinterio oriental desea hacer una curva... utiliza el mismo "artilujio." ¿Cómo lo hace? Con un curioso truco que consiste en girar la cuerda en el justo instante en el que la va a estirar.

Como uno puede adivinar, el hacer una curva de esta forma, no es el método mas sofisticado del mundo. En una casa tradicional japonesa que haya sido contruída con este sistema, se podrán apreciar ciertas imperfecciones en las curvas y en otras zonas. Esto no quiere decir que los japoneses sean 'patosos' o incompetentes. Es tan solo, una prueba de que su cultura tiene una cierta predilección por lo que se denomina "hacho," una asimetría deliberada.

Todo aquel que ha experimentado las correcciones técnicas de su instructor, la mayoría de ellas realizadas "al milímetro," pondrá en duda esta teoría de la "asimetría deliberada" en la cultura japonesa. Tal vez pueda parecer que los japoneses no son ni flexibles ni "asimétricos" en nada. Si el "budoka" se toma tiempo en visitar varias escuelas tradicionales, verá que las mismas cosas son ejecutadas de forma similar, pero no igual en los distintos "dojos."

No me estoy refiriéndo a las diferencias entre estilos, sino entre practicantes dentro del mismo estilo o sistema, particularmente en la ejecución de los "Katas." Concretamente en la "Japan Karate Association," unos instructores hacen que sus alumnos den un pequeño salto en el comienzo del Kata "Bassai Dai." Otros instructores, de la misma Asociación, indican a los estudiantes que han de "deslizarse." En ciertos Katas, el movimiento que bajo un instructor ha de realizarse de forma lenta, bajo la instrucción de otro deberá ser ejecutado rápidamente.

Estas insconsistencias aparentes, hacen que los estudiantes se vuelvan locos, una y otra vez al observar a ciertos instructores hacer las mismas cosas, pero de forma diferente. Piensan que existe "una sola forma correcta" de hacer las cosas, una manera "standard." Desafortunadamente, muchos profesores explotan esta idea. Insisten en que "su" forma de hacer el Kata es la única correcta y que el resto "no está siguiendo el camino indicado por el fundador." Este es el ejemplo de una gran inconsistencia en relación al espíritu del Karate Do. Y no es así como se muestra el Arte en Japón.

La mayoría de los estilos modernos de Karate comenzaron con un fundador y un pequeño grupo de seguidores. Estos estudiantes, o los estudiantes de éstos, son los líderes de los estilos. Cuando comenzaron a enseñar fuera del Japón, tanto de forma consciente como inconsciente, empezaron a "incluir" sus personalidades en el Arte. Tal vez, alguno de ellos tenía las piernas mas largas y se dió cuenta de que en el comienzo del Kata "Bassai," debía "deslizarse." Posiblemente el Maestro Funakoshi, enseñaba el Kata con este deslizamiento, pero enfatizándo un "pisotón" en el movimiento a uno de sus estudiantes...por algún motivo muy personal. Ese estudiante, tal vez "guardó" ese movimiento muy celosamente y lo enseñó a sus alumnos. Hoy día, sus discípulos, lo entrenan y practican como si fuera el "evangelio."

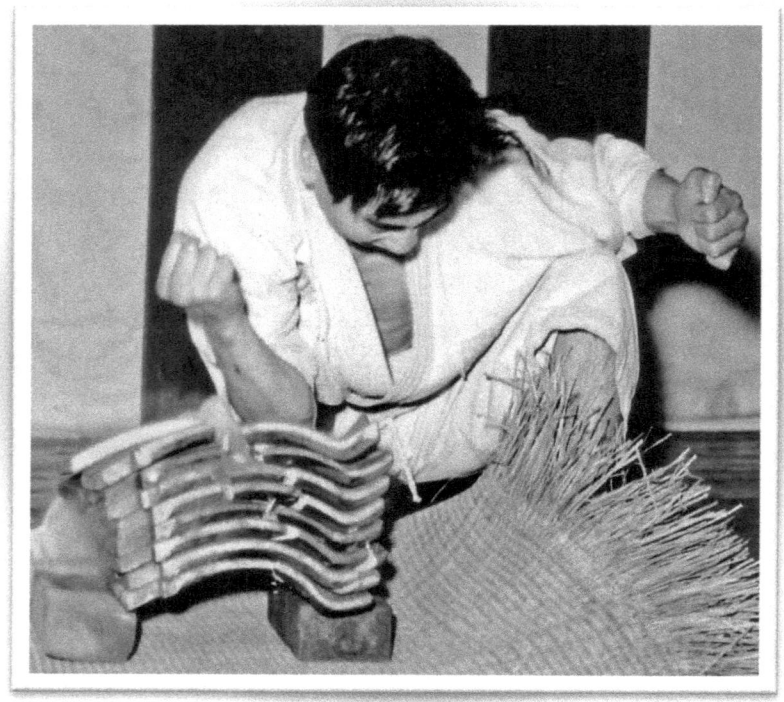

En Japón, y en contra de lo que puede parecer a primera vista, y en todas las organizaciones, existe un cierto margen de permisibilidad en lo que se refiere a la ejecución de un "Kata." Esto no quiere decir que "cualquier cosa que se haga está bien." Cuando uno analiza la realización de un Kata por parte de diferentes Maestros del mismo estilo, pero que residen en lugares distantes del Japón, se pueden apreciar ciertas diferencias. Aunque pertenezcan a la misma Asociación, no enseñan el Kata de forma "idéntica."

En Occidente, los estudiantes, si no ejecuctan el Kata "como lo hacen los demás," se siente un tanto ridículos. Esto es un gran error, puesto que deberían saber, que si su profesor posee el conocimiento correcto, tan solo sea una expresión del concepto de "hacho." No hay nada malo en encontrar ciertas ligeras diferencias en la realizan del mismo Kata, mientras que los movimientos tengan una correcta aplicación y sentido.

Acuérdate del principio de "hacho" la próxima vez que escuches a un practicante de Karate afirmar que su forma de hacer el Kata, "es la correcta." Y cuando veas a alguien realizar un Kata, ligeramente diferente a como tú lo has aprendido, no pienses que "está mal." Es tan solo, la expresión natural del Arte. Es, simplemente, "hacho."

¿Por que hay gente que usa zapatillas cuando entrenar en el Arte del Karate Do?

Aunque reconozco que no es una cuestión que deba hacer perder ni un solo minuto al practicante, la verdad es que si Vd. es alguien que, como yo, lleva el Arte y sus valores de forma digna, no dejará de poner cara de "susto" al ver a alguien vestido con un karategui y...zapatos.

El Arte del Karate Do, como todas las artes del Budo, con tan solo la posible excepción del Kyudo (Arquería japonesa), se practica descalzo. Una parte de que la constumbre sea esta, se fundamenta en el aspecto cultural. En Japón, en donde no se utilizan ni se llevan puestos los zapatos en el interior de las casas, el uso del calzado no ha tomado las dimensiones que existen en Occidente. Las "geta" y los "zoris" pueden quitarse de forma sencilla. Igualmente, el ciudadano 'de a pie' solía andar descalzo todo el día. Los "dojos," antes y ahora, estaban recubiertos con una estera (tatami) o con una madera, que era y es facilmente dañada por cualquier tipo de zapato... aunque existen otras razones por las que el Arte del Karate Do ha de ser practicado descalzo.

La razón mas importante está basada en las leyes físicas del arte. La fuerza de cualquier acción en Karate, sea una patada, puñetazo, bloqueo, etc. ...proviene de la pierna atrasada. La energía se transmite a través de una base sólida, desde los pies hasta el blanco, pasándo por todo el cuerpo. Este es uno de los motivos por el cual, los practicantes con cierto nivel de entendimiento, evitan entrenar sobre suelos de cemento o asfalto. La fuerza que están tratando de sacar desde el suelo, es rebotada hacia sus cuerpo por el suelo, causándo posibles lesiones y dolor en la espalda baja. La idea es que el practicante ha de poder "sentir" a sus pies en contacto con el suelo para poder generar la fuerza necesaria para sus acciones.

El movimiento coordinado y con equilibrio depende de una de las partes del pie: los dedos. El karateka, no se apoya ni empuja con los talones cuando andar, de la manera que lo hace todo el mundo. Contrariamente, usa los dedos de los pies para "agarrar" el suelo y utiliza los músculos interiores del muslo para desplazarse. El pie adelantado hace levantarse al que se encuentra en la posición atrasada. De la misma manera que un "sprinter" usa los tacos de salida para impulsarse, el karateka "agarra" el suelo con sus pies para impulsar su acción. Esta es una habilidad que se tarda unos años en obtener, pero que es fundamental para el progreso en el arte. Apretar y agarrar el suelo con los dedos de los pies, desarrollar potencia desde el suelo. Esa es la idea. evidentemente, ambas cosas son imposibles de practicar cuando se llevan puestos zapatos.

Esto no quiere decir que no se deba entrenar con zapatos nunca. El karateka debe experimentar sus técnicas con zapatos a fin de adaptarse y familiarizarse con la ejecución de los movimientos en distintas superficies. En los "gasshuku" tal vez sea necesario utilizar zapatillas de deporte cuando se entrena a campo abierto o bajo temperaturas muy frías. En estas circunstancias, es recomendable que el karateka use los "jikkan-tabi" o "botas de ninja," las cuales tiene una suela suave y con una apertura para el dedo gordo del pie, lo que permite agarrar el suelo de forma adecuada.

Hay artistas marciales que afirman que como los practicantes de artes chinas y los boxeadores llevan calzado cuando entrenan, en Karate Do se debe hacer lo mismo. La verdad es que ninguna de estas artes tiene mucho que ver con el Karate Do. Otros, afirman que si entrenan en un parque han de protegerse de piedras y otros elementos que se pudieran encontrar en el suelo. Mi consejo es que dejen sus zapatillas en casa y se traigan una escoba y un recojedor de basura. Así podrán limpiar el lugar en donde vayan a entrenar.

Hay, sin embargo, un lugar para el calzado en un "dojo" tradicional de Karate; una tabla de madera que sirven para depositar nuestros zapatos hasta que hemos acabado la clase. Entrena descalzo. Es parte de la tradición del Budo y, además, aprenderás a realizar las técnicas con la correcta aplicación de los desplazamientos. Y con los precios que tienen las zapatillas de deporte en la actualidad, podrás ahorrarte un dinero y comprar un buen libro del "Arte de la Mano Vacía."

Cual es su opinion de entrenar en diferentes Artes Marciales, lo que se denomina "cross-training" y tan popularizado por gente como el desaparecido Bruce Lee?

Sun Tzu, un contemporáneo de otro destacado filósofo posterior a Confucio y con el nombre de Mencius, tenía una visión muy particular en relación a las ardillas: "Las ardillas son capaces de hacer cinco cosas; pueden subir a un árbol, nadar, hacer un agujero, saltar y correr. Todas estas son sus habilidades, pero curiosamente, no puede hacer ninguna de ellas perfectamente."

De ninguna manera deseo comparar aquí a los artistas marciales con ardillas, pero de alguna manera en las palabras de Sun Tzu existe un excelente consejos para aquellos que siguen el camino del Budo. Un destacado autor y prestigioso Karateka, recuerda su fustración, cuando durante sus años de entrenamiento en Japón, estaba asistiendo a sus clases de Karate en la sede central de la "Japan Karate Association" al mismo tiempo que entrenaba en el Judo, el arte fundado por Jigoro Kano. En ambos entrenamientos, se encontraba muy cansado y exhausto, nunca se recuperaba de algunas lesiones pequeñas por lo que decidió pedir consejo a uno de los instructores de la JKA. La respuesta del Sensei fue tan explícita como tajante: "Aquel que desea atrapar a dos conejos al mismo tiempo, se quedará sin ninguno."

El Sensei de la JKA estaba intentando explicar a su discípulo, lo mismo que Sun Tzu había expuesto siglos atrás. ¿Corre el riesgo el "budoka," si dispersa sus esfuerzos en el entrenamiento en diferentes direcciones, de perder la visión del objetivo final? ¿Será como la ardilla de Sun Tzu, capaz de hacer varias cosas, pero ninguna con la perfección requerida y necesaria?

Una posible respuesta puede encontrarse en los escritos y legados de Kanze Zeami. Zeami era un maestro japonés del teatro denominado "Noh," el cual se caracteriza por su esquisito bien hacer en lo referente a los rituales. Zeami citó a las ardillas de Sun Tzu y afirmó que el estudiante de "Noh" podía llegar a encontrarse en la misma situación. El estudiante, deseoso de mejorar su arte en cada una de las facetas que lo componen, termina siendo mediocre en todas ellas. La solución que Zeami dio es la siguiente: "Como resultado del entrenamiento constante, un estilo sin nombre surgirá y llegará a convertirse en arte, mejorando constantemente hasta que haya alcanzado un alto nivel de versatilidad y exactitud. Si su entrenamiento amplia y mejora su versatilidad y magnitud, obteniendo la excelencia deseada, habrá alcanzado el nivel de la flor de la verdad."

Lo que Zeami quería decir es que, para el principiante, las diferentes facetas del teartro "Noh" pueden parecer distantes y muy diferentes, sin ninguna conexión entre ellas; de la misma manera que para el practicante de Artes Marciales lo son las caídas del Judo, los movimientos corporales del Kendo y Aikido, los golpes de puños y piernas del Karate, etc. ...Todos ellos parecen ser entidades "separadas" para el neófito. Con el "entrenamiento constante," Zeami aconseja que el estudiante ha de dominar las bases y fundamentos de un arte. El perseguir a "un solo conejo cada vez" asegura que el estudiante llegue a alcanzar un alto nivel, pero no debe quedarse ahí. Después de ganar "versatilidad y exactitud," nuestro personaje, cuyo entrenamiento principal era efectuado en la JKA, comenzó sus clases de Iaido y Jodo.

Ultimamente tengo ardillas haciendo agujeros en el jardín y corriendo por encima del tejado de mi casa. Espero que no mejoren su habilidad en estas facetas, pero siempre que me acuerdo de como un Arte puede mejorar la práctica y el entendimiento de otro, me doy cuenta de lo vital que este concepto es en la búsqueda de la "flor de la verdad."

Cual es el verdadero significado de "sen"?

Este término se refiere a un intervalo de tiempo en el cual toma lugar la iniciativa para atacar.

De una forma mas específica en las Artes Marciales, "Sen" implica el momento en el que la acción de ataque es iniciada. En la disciplina marcial, existen dos formas: "Go no sen" y "Sen no sen." Este último implica la toma de la iniciativa en el momento en que existe una "hueco" en la defensa del oponente o en sus movimientos, atacándo antes de que él lo haga.

Evidentemente, "Sen no sen" utiliza una estrategia completamente diferente a "Go no sen."

En "Sen no sen," la atención del oponente sufre un "lapsus," el adversario reajusta su posición, comienza a mover hacia el frente para golpear o... tan solo pestañea. En ese preciso momento, nosotros golpeamos con dureza y decisión. Sin pensar en lo que el oponente nos pueda hacer, atacamos con una decisión devastadora, con las manos o los pies, sin parar a pensar un segundo en una posible contra, con total "compromiso" en nuestra acción. Esta es la actitud de "Sen no sen," tomar la iniciativa con anterioridad.

En "Go no sen," uno ha de juzgar el ángulo y la distancia correcta del ataque inicial del oponente, haciéndole fallar por un centímetro. En "Sen no sen" debemos ingorar este movimiento, yendo hacia el frente sin pensar en nada mas. Son dos estrategias muy diferentes, pero ambas requieren un gran sentido del "timing," y la misma cantidad de coraje. Ambas acciones ejemplifican la mentalidad de "ir a por todas" de las Arte guerreras del Japón.

El karateka normal será capaz de utilizar ambas, pero de forma accidental, por simple y pura casualidad. No existe causalidad en sus acciones. El estudiante avanzado, contrariamente, sabrá cuando utilizarlas de la forma apropiada en combate. El experto, llevará este sentido del "sen" mucho mas allá de los confines del "dojo" y será capaz de aplicarlo a su vida diaria.

Supongamos por un momento, que el experto se encuentra en una nueva ciudad, sin amigos ni nadie conocido. Sin ningún plan tampoco. La mayoría de nosotros nos quedariamos en la habitación del Hotel viendo la televisión, escuchando hablar a los protagonistas en un idioma desconocido y esperando marcharnos hacia otro destino mas familiar.

El karateka conoce esa sensación, de ninguna manera es desconocida para él, pero en lugar de aceptarla, se fuerza a sí mismo a explorar nuevos sitios. Pide un mapa de la ciudad, localiza un museo interesante o una zona que esté llena de tiendas y ambiente. Entra en un restaurante para probar la comida típica del lugar, se esfuerza por comunicarse con la gente. Desea "probar" el lugar en donde se encuentra. Ha adoptado la actitud del "sen no sen," ha tomado la iniciativa. Está teniendo una nueva experiencia y aprendiendo de ella al mismo tiempo.

Tal vez, el mismo practicante se encuentra en una fiesta en donde tiene el interés de conocer a alguien en concreto, pero el presentarse de forma directa puede no ser adecuado. En tal, caso busca a un amigo común que le introduzca a la persona deseada. En este caso, ha conseguido lo que quería tomando una iniciativa indirecta. Es decir ha usado "Go no sen."

Sería una pena y una pérdida de tiempo que el practicante pensara tan solo en términos de Arte Marcial, puesto que la aplicación de los conceptos va mucho mas allá del lugar de entrenamiento y no solamente se encuentran asociados al combate. Aplica, igualmente, a todos los campos de nuestra vida.

Al observar a maestros de alto nivel tecnico, podemos ver que el concepto basico de defensa-ataque se ha convertido en una accion simultanea, a que es debido?

En el Arte del Karate Do, la expresión "kobo ichi" significa; "el ataque y la defensa son uno solo." Es una teoría perfecta, pero todo "budoka" con cierta experiencia sabe que es muy difícil de poner en práctica.

El principiante recibe la enseñanza de técnicas de defensa y, a menos que su instructor sea totalmente competente, quedará con la impresión de que estas acciones defensivas son unas maniobras separadas e independientes del movimiento de ataque que las sigue. Este tipo de instrucción lleva a lo que se denomina "mentalidad de bloqueo/contra," es decir a la asimilación de un ritmo "uno/dos" que es, de todo punto, inútil en combate real. Si uno se dedica a bloquear un ataque, el oponente será capaz de efectuar otra acción ofensiva mucho antes de que podamos efectuar nuestra maniobra de contraataque. Si un karateka decide seguir este método de reacción, estará siempre "por detrás" de su adversario, siempre a la defensiva. Solo en las películas de cine, el malo se queda quieto después de haber atacado al protagonista. La realidad es otra cosa muy diferente.

El desarrollar las técnicas de bloqueo es vital para el progreso del karateka, sin embargo, este progreso se verá prontamente estancado si no empieza a investigar en otros conceptos defensivos/ofensivos como "kobo ichi." Una de las ideas que nos enseña este concepto de combate, se encuentra magníficamente expresado en el Arte del Kendo, y se denomina "debana." Las técnicas de "Debana" o "debana-waza," son aquellas en las que desviamos un golpe del oponente (efectuado con el "shinai," naturalmente) con un solo movimiento que nos permite golpear nuestro objetivo de forma simultánea. Las técnicas de "debana-waza" no es algo que sea fácil de dominar y ejecutar. Hay que "sentir" cada acción del oponente, anticipándonos a su movimiento, desviándo su acción y golpeándo de forma simultánea y perfectamente sincronizada en el blanco elegido. Existe la tendencia a concentrarnos en el adversario, "quitar de en medio" cualquier ataque que este efectúe y contestar con un golpe devastador. Esto no es, de ningún modo, "debana." Es, un ejemplo del método "uno/dos." En las acciones de "debana waza" no existe una distinción entre la maniobra defensiva y el golpe de contraataque. Todo es, una misma acción, un mismo movimiento.

Es difícil de entender que dos golpes puedan cruzarse, que uno salga desviado y que el otro llegue a su objetivo de forma clara y nítida. Los factores clave para que esto sea a así son un "timing" exacto y una angulación corporal precisa.

Este tipo de acciones no son trasmitidas por cualquier instructor de la forma correcta. ¿El motivo? Fácil, no muchos saben como hacerlas de forma correcta y como han de ser aplicadas en combate. Se requiere de un verdadero instructor de Karate para ser capaz de aprenderlas. Si el nivel de uno es el adecuado para comenzar a aprender las técnicas de "debana waza," deberá de buscar un instructor competente. Si el nivel técnico no es el necesario aún, deberá de continuar prestando atención a las técnicas fundamentales del Arte.

Por que las palabras 'kata' y 'katadachi' tienen un significado similar?

No es una coincidencia que las palabras "Kata" y "Katachi" tengan un significado complementario, no similar. Lo que si es sorprendente es que la mayoría de los karatekas estén familiarizados con el primer término, pero practicamente ninguno conozca el segundo.

La sílaba "ka" de Kata viene del ideograma que significa "dios" y "ta" quiere decir "campo de cosecha." Entre otras posibles interpetraciones, el término "kata" indica la naturaleza fundamental del hombre, arraigado a la tierra, pero con aspiraciones divinas. Practicamente en toda actividad, desde el Karate hasta la ceremonia del té, pasando por el teatro dramático japonés "Noh," podemos encontrar una serie de movimientos ritualizados cuya finalidad es pulir la técnica y expresar un cierto sentimiento.

Cuando añadimos la sílaba "chi" a "Kata," el segundo signficado es mucho mas claro y se hace mas patente. "Chi" denota un sentido de fuerza y profundidad que no puede ser descrito facilmente.

Cuando un verdadero karateka es preguntado acerca de su dominio del Kata, suele responder: "Conozco los movimientos, la forma." Lo que quiere decir es que ha memorizado los movimientos, el molde exterior, las acciones físicas. En este nivel, el Kata es un ejercicio, un catálogo de técnicas que le muestran acciones de combate. Al principio, tan solo trabaja su cuerpo en un intento de coordinar y reproducir correctamente los gestos. Mas adelante, su mente entra en juego al intentar memorizar la secuencia correcta y al compararla con el resto de formas que conoce. En esta fase, el karateka cree que el progreso en el "kata" se obtiene a base de repeticiones que fijen en su memoria los movimientos a fin de ganar mayor velocidad y potencia. Está equivocado. El Kata, sin importar cuantas veces se repita o cuantos años se entrene, siempre carecerá de algo. Ese algo es "katachi."

Cuando un Kata posee "katachi," se puede sentir su fuerza, hay un vibrar en cada gesto, hay una actitud, incluso los movimientos mas lentos y suaves, tiene una sobriedad fuera de lo común. Cada pausa en el Kata, tiene un significado, posee un sentido cuando está presente el "katachi." El Kata ya no es ejecutado con los brazos y las piernas, sale por los ojos, existe en cada respiración. La forma (Kata) que posee "katachi," tiene algo que sva mas allá de los límites de lo físico. Incluso mas allá de lo mental. Los espectadores quedarán asombrados y el ejecutor parecerá un torbellino de fuerza. "Katachi" es, en definitiva, un Kata con alma.

Muchos intentan reproducir esta imagen con cierto tipo de uniformes, con cara extrañas, con posturas teatrales y con respiración y gestos de "seriedad y profundidad." Un Kata sin el verdadero "katachi" es, en el mejor de los casos, un baile...y en el peor, tan solo un ejercicio físico.

¿Cómo se obtiene "katachi"?

Práctica y mucho entrenamiento, no es suficiente. "Katachi" no puede adquirirse sin la guía de un auténtico Maestro. Un instructor normal, aunque sea de alto grado, lo mas que puede hacer es mejorar nuestros gestos físicos. Para llegar mas lejos, y "katachi" es "mucho mas lejos," se requiere el entrenamiento bajo un "MAESTRO," de los que no hay demasiados. Tal vez, para alguno de nosotros, el tiempo que podemos estar recibiendo la instrucción privada y personal de uno de estos MAESTROS se reduce a unos pocos días en nuestras vidas. Pero sin importar la duración de nuestro encuentro, debemos prestar muchísima atención a su ejecución del Kata y a su actitud. Obsérvale y presta atención a como se comporta y actúa… cuando no está haciendo Karate. Considera cada encuentro con uno de estos MAESTROS como una gran oportunidad para iluminar tu "camino" en el Karate. Un verdadero Maestro es siempre un ejemplo para todos nosotros.

Este es la única forma de adquirir "katachi," al menos es el mejor consejo que un día se me dió. Uno de mis Maestros me dijo que "cuando un estudiante hace un Kata bien, siente como si se acumularán nubes de tormenta dentro de él. Cuando el Kata es ejecutado por el profesor, es como el sonido de un trueno, pero cuando lo efectúa un MAESTRO, entonces, tan solo entonces hay iluminación."

Antes hemos hablado del uso y del principio del 'sen no sen', que nos puede decir del 'go no sen'?

El término japonés "sen" indica el intervalo temporal entre la oportunidad de realizar un ataque y la ejecución en sí misma. Fundamentalmente, existen dos tipos de "sen":

el "Sen No sen" (ventaja anticipada) y el "Go No sen" (ventaja posterior).

Uno efectúa el "go no sen," también denominado "ato no sen," cuando el oponente nos ha atacado y nosotros efectuamos un contraataque posterior a su acción. El concepto de "go no sen" está expuesto a muchas y variadas interpretaciones erróneas. Si el "sen no sen" se malinterpreta como una "iniciativa agresiva," lógicamente, el "go no sen" deberá ser percibido como una "actitud pasiva." Esta idea ha llevado a creer a muchos practicantes, que cuando uno efectúa el "go no sen," ha de esperar y reacción al ataque venidero. Este planteamiento nos lleva a la derrota inmediata. En una situación de vida o muerte, todas las papeletas de la última están en nuestro bolsillo.

El aplicar el principio y la técnica de "go no sen" en combate, es manipular y dirigir las acciones y movimientos del oponente en una dirección deseada por nosotros, sin que éste se dé cuenta de que está siendo controlado. Si, es cierto que el oponente quien comienza el ataque, pero si estamos empleando "go no sen" de la forma correcta, su acción será aquella que tu quieres que sea. Estarás en una posición perfecta para anular su ataque y efectuar la maniobra de respuesta apropiada.

El experto en el manejo del "go no sen," engañará completamente a su oponente. Ofrecerá una apertura en su guardia, posición o juicio de la distancia. Desplazará hacia atrás con las manos ligeramente altas, para "animar" al adversario a que le ataque con la pierna. Este, percibirá que existe demasiado espacio entre los dos, debido al desplazamiento, como para efectuar un ataque de puño, al tiempo que la guardia "ligeramente alta," le tienta a golpear con la pierna. Sin embargo, cuando comienza a realizar su patada a la sección media, el experto ya habrá cerrado la distancia de nuevo, estará dentro de su campo con las manos en su sitio y efectuando un contrataque devastador.

El "go no sen," es la estrategia de un maestro de ajedrez. Al igual que el experto ajedrezista, el practicante de Karate que aplique "go no sen" deberá de pensar unos cuantos movimientos "por delante." Ofrece un peón a su contrario, pero mantiene un alfil dispuesto a asestar el "golpe definitivo" del jaque mate.

Es cierto que esta estrategia puede parecer simple, pero muy pronto descubrirás que no siempre que un adversario tiene un "hueco" claro, realiza el movimiento que nosotros estamos esperando. A veces, ni tan siquiera se da cuenta. Está muy ocupado con sus propios pensamiento e intenciones o tal vez, baje su guardia y te "invite" a que seas tu quien ataque.

La solución a este, y otros problemas derivados del "go no sen" es tan solo desvelada a través de muchos años de práctica. El practicante de Karate, no solo ha de intentar controlar los movimientos físicos de su adversario, sino su mente y espíritu también. El karateka ha de practicar el "arte de esperar," pero no esperar en un sentido pasivo. "Go no sen" es una espera "activa." Es la espera perfecta para… el golpe definitivo.

Los tiempos estan cambiando que diria Bob Dylan, y es comprensible ver cambios en la mentalidad y actitud de los practicantes pero hasta donde se ha de "modernizar" lo que podiamos llamar 'etiqueta marcial'?

En una ocasión tuve que asistir a un funeral inmediatamente después de mi sesión de entrenamiento de por la mañana. No es que hubiera matado a nadie, no. Tampoco los dos acontecimientos estaban relacionados, al menos que yo supiera.

Me encontraba sentado en el funeral y pude apreciar que muchos de los asistentes a tan desgraciado acontecimiento…no sabían como comportarse. Algunos vestían mas apropiadamente para ir a un partido de fútbol que a un funeral, otros no sabían como acercarse al ataúd y el resto estaban inseguros de como expresar sus condolencias a la familia. Curiosamente no solo he visto este tipo de comportamientos en aquel funeral, sino en bodas, celebraciones, fiestas, etc. Las novias reciben aplausos, pitos y voces, como si fueran "cheerleaders" en un campo de deportes. Si, ya sé que no hay nada malo en ello, la gente se está expresando con naturalidad, pero si recuerdo la situación en el funeral, tengo que disentir. No es que se estuvieran comportando con naturalidad; es que no sabían como comportarse.

Esta, es una de las "maldiciones" de nuestro siglo, y el hombre se la ha buscado el solito. Confundiendo la formalidad con la "cursilería," el decoro con la arrogancia, la educación con el servilismo, etc., hemos hecho que la etiqueta se haya alejado de nuestra vida diaria. Tal vez, nos hayamos librado de algo de cursilería y "esnobismo" al inclinarnos por la informalidad de nuestros actos, pero ¿no es cierto que hemos perdido algo en el camino? Si. Hemos perdido el sentido del decoro y la dignidad, y mas importante aún, hemos perdido el sentido de la auto-confianza, de la cortesía y del respeto por nosotros mismos y por los demás que ha sido una caracteristica fundamental en todas las civilizaciones.

Uno de los aspectos mas significativos del Budo tradicional es que aporta un método de redescubrir y recuperar un cierto sentido de formalidad con todas esas cosas positivivas que conlleva.

Aquella mañana, saludé en el "dojo" al "kamiza," presenté mis respetos a mis compañeros y entrené. Durante la clase de "Iaido," todos sabíamos como mover el pie izquierdo primero para que nuestras espadas no chocaran, al tiempo que evitábamos andar por delante de aquellos que estaban sentados o arrodillados. Hubo cientos de pequeñas acciones que mostraban una etiqueta correcta y un alto grado de formalidad y respeto mutuo. Este comportamiento no interfirió en nuestro entrenamiento, haciéndonos mover como autómatas. Curiosamente, estabamos tan adentrados en nuestra práctica, que para un espectador ajeno a todos esos pequeños detalles de formalidad, "nada extraño" estaba ocurriendo. Sin embargo, había cientos de aspectos que formaban un todo.

Algunas de estas formalidades, no son de reciente creación sino que tienen muchos años de antiguedad y poseen orígenes prácticos. El pasar alrededor de un "katana" colocado en el suelo, es una cortesía hacia su dueño y… algo mucho mas seguro que pasar por encima. Otra formalidad como el saludo a los compañeros, indica el sentido de preocupación y aprecio por ellos. Los saludos hacia el "kamiza" denotan nuestro grado de espiritualidad y nuestra seriedad hacia otros aspectos mas profundos de las Artes del Budo.

Este tipo de formalidad es algo muy natural, pero ha de ser aprendido de la mano de un Maestro. Después de haberlo hecho por algún tiempo, se convierte en algo natural, reflejo. Algunos tal vez puedan disentir y no estar de acuerdo. Tal vez piensen que la informalidad es un entorno mejor para aprender y que este tipo de actitudes tan solo "limitan" al estudiante. No sé, tal vez. Pero los mejores "budokas" que he conocido en mi vida, sin importar u estilo o Arte, han pasado todos por este tipo de etiqueta marcial en sus "dojo." Llevan ese sentido de decoro y dignidad aún cuando están fuera de lugar de entrenamiento. No es cursilería, ni "esnobismo," ni arrogancia. Es calma interna, una actitud segura y digna. La formalidad no les asusta, no han de comportarse de una forma extraña o antinaturalmente. La formalidad, es parte de sus vidas como resultado de sus entrenamientos en el "dojo." Es parte de su ser.

Esta formalidad, y todo lo que conlleva puede aprenderse sin estudiar un Arte Marcial, lo que me pregunto es ¿cómo puede uno llamarse "artista marcial" si no la tiene?

En el arte del Karate existen muchas tecnicas que utilizan los dedos de la mano, evidentemente este tipo de tecnicas provienen del pasado y fueron desarrolladas por antiguos maestros, tienen aun utilidad? Eran estos maestros realmente diestros en el uso de las tecnicas con los dedos?

Tenemos un concepto de ellos como si hubieran sido "superhombres" y la verdad es que eran personas como nosotros. Ni mas, ni menos. Tenían diez dedos, cinco en cada mano y lo que les diferenciaban del resto, era la inigualable habilidad para usarlos.

Los japoneses denominan al dedo índice "hitosashi yubi." El dedo índice es una de las armas mas peligrosas que se encuentran en el Arte del Karate. El "hitosashi nukite" tiene, como mínimo, dos variaciones fundamentales. Una de ellas puede encontrarse en el Kata "Unsu," en donde todos los dedos menos el índice están doblados y éste se encuentra flexionado y apoyado por el pulgar. La otra variación, se conoce como "keito" y se realiza doblándo todos los dedos y apoyando el pulgar al dedo índice que se encuentra semiflexionado. Esta técnica es muy similar a la efectuada en el sistema de "Mantis Religiosa" de Kung Fu y denominada "gou dze." La primera técnica descrita se utiliza como golpe penetrante, por eso recibe el sobrenombre de "mano lanza," mientras que "keito" se utiliza para atacar objetivos como la clavícula, etc...

El dedo corazón, "naka yubi," es el fundamento de la técnica "Naka Yubi Ipponken." Este golpe es devastador y muy doloroso. Es conocido por el sobrenombre del "ojo del fénix" y muchos Maestros de Okinawa lo utilizaban regularmente. El legendario Maestro Yasutsune Azato, se había especializado en su uso y su objetivo era el plexo solar. Tradicionalmente, esta técnica suele utilizarse de forma lateral, pero también se puede golpear haciendo "estallar' el puño de forma vertical y golpear a la base de la nariz. Esta técnica puede encontrarse en el Kata "Chinte."

Una variación que también puede encontrarse en el Kata "Chinte" se realiza configurando la zona del golpe al doblar los dos primeros nudillos y su objetivo suele ser, la mayoría de las veces, los ojos del oponente.

Hay una aplicación combativa para el dedo anular, aunque no es muy conocida por los practicantes en general. La cultura japonesa considera este dedo, el anular, el mas débil de todos los existentes en la mano. Si alguna vez se ha parado el lector a observar libros antiguos de Ju Jitsu, habrá comprobado que todas las técnicas de luxaciones de dedos se aplican en este dedo. Si no es así, el lector puede comprobar esta teoría por el mismo, aplicando fuerza a cada uno de los dedos de su mano en dirección hacia la muñeca. Descubrirá, sin la necesidad de mucha presión, que el dedo anular es el que menos está apoyado por la musculatura y la estructura ósea de la mano. En japonés, este dedo se denomina "kusuri yubi" (dedo medicinal), debido a que es frecuentemente utilizado, por su gran sensibilidad, para aplicar linimentos y cremas medicinales.

El cuarto dedo, o meñique, se denomina en japonés "ko yubi." Este dedo recibe una atención especial por parte de los kartekas, debido a que ha de ser protegido cuando se efectúan las técnicas de golpeo. Hay bastante peligro de engancharse el meñique en la ejecución de un "Tsuki" o de colocarlo en una mala posición al efectuar un "Shuto." El dedo meñique ha de ser flexionado ligeramente en el "shuto" a fin de crear una base sólida que permita absorver el impacto sin peligro. Ningún verdadero experto aplica el "shuto" con toda la mano estirada.

El último dedo es el pulgar, "oya yubi." Muchos estilos de Ju Jitsu poseen una gran variedad de golpes aplicados con este dedo. Ataques a los centros nerviosos y otros puntos vitales, se efectúan con el dedo pulgar, e incluso existen métodos para romper huesos con ataques de pulgar.

Curiosamente, los cinco dedos pueden juntarse para comformar la técnica conocida como "washide" y que se encuentra en el Kata "Gojushijo Dai." El espacio existente entre el pulgar y el dedo índice puede ser usado para atacar con "hira hasami," y el objetivo suele ser el cuello del oponente. En algunos estilos de Okinawa existe una variación de este movimiento que se aplica con la participación del dedo corazón, y principalmente se usa para pellizcar la zona deseada.

Este pequeño repaso sobre el uso de los dedos en el Arte del Karate no podía acabar sin citar la frase que uno de mis instructores solía decir: "¡Yubi o kuwaeru zo!," y que puede traducirse como: " ¡sácate los dedos de la boca y comienza a entrenar!."

Que es el 'kyusho' y como aplica al uso de las tecnicas de combate?

La arteria femoral se encuentra en el interior del muslo, si es dañada, ¿cuánto tiempo pasará antes de que muera la persona?, ¿qué cantidad de presión necesita la rodilla para que una patada la haga añicos? Si golpeas a la cara de un adversario, ¿dónde deberás hacerlo para ocasionar el mayor daño, en la nariz o en la mandíbula?

A menos que el lector sea un "budoka" experto, con amplios conocimientos de medicina, es muy probable que no sepa las respuestas correctas a estas preguntas. Paradójicamente, si el lector es una de esos pocos individuos que han entrenado en las Artes clásicas del Budo, tendrá la información necesaria para encontrar la contestación a las mismas.

Hay una parte en el "curriculum" de cada "Ko ryu," que aunque parece tener un escaso valor práctico, representa un amplio y profundo conocimiento del Arte Marcial. Abarca esas "otras cosas" que se encuentran olvidadas en nuestros días. Evidentemente, existen muchas otras diferencias entre las Artes del "Bujutsu" y las del "Budo," diferencias éstas mucho mas importantes que la tratada aquí. Pero es muy curioso, que a diferencia del guerrero feudal, el "budoka" moderno posee un escaso conocimiento de "Kyusho" y de como atacar a los puntos vitales del cuerpo.

Las técnicas de "Kyusho" son enseñadas en los niveles mas avanzados en algunas Artes del Budo. El Judo y el Aikido, están mas encaminados a hacer perder el equilibrio al adversario y a controlarle con palancas a las articulaciones. El Arte del Kendo ha reducido su estudio del "Kyusho" a unas zonas concretas como son la cabeza, las muñecas, la garganta y los costados. Tan solo en Karate, y debido a el énfasis en los golpes, el arte del "Kyusho" desempeña un papel importante. Sorprendentemente, la enseñanza de estas técnicas prácticamente no existe en el "Camino de la Mano Vacía."

Lo que normalmente se entiende por "Kyusho," está estructurado en dos categorías diferentes; las técnicas de la "muerte retardada," en donde el profesor muestra los "puntos de presión," la manipulación de ellos para causar dolor o parálisis y la forma de activarlos para que con un mero roce, se produzca el fatal desenlace.

La segunda categoría es la que yo denomino "mete los dedos en los ojos y patea en los testículos." Es la aplicada por aquellos instructores que fomentan el aspecto de la defensa personal y que proclaman a los cuatro vientos que "si uno puede meter una llave en los ojos y darle una buena patada, el mismo 'Godzilla' estaría acabado."

Los nervios y ciertos puntos del cuerpo humano, por supuesto que son sensibles a los golpes, pero sin la habilidad para cerrar la distancia y evitar los golpes de un oponente, todas estas técnicas y "manipulaciones" son... inútiles. Desgraciadamente, algunos han aprendido la desagradable lección en el "mundo real," de que los ojos de una persona que avalanza sobre nosotros no son un blanco tan fácil como pudiera parecer a simple vista, y que bajo ciertas circunstancias y con un nivel de adrenalina muy alto, una persona puede "absover" una patada a los testículos de la misma manera que el picotazo de una avispa, y...seguir peleándo.

Lo que se necesita en el arte del "Kyusho" no son trucos simples y generalizaciones fáciles que sorprendan al neófito e impresionen al impresionable. Se necesitan instructores que hayan pasado el tiempo suficiente aprendiendo de un Maestro cualificado y que posean la capacidad de transmitirlo a sus estudiantes correctamente. Los cuales, y si se me perdona la gracia, son el verdadero "punto vital."

¿Qué es lo que verdaderamente distingue al Karate de Okinawa de su contraparte japonés?

Algunos Maestros de Okinawa afirman que su Arte es imposible de entender para aquellos que no dominan su idioma. Curiosamente, hay una teoría que refrenda esta afirmación. Esta teoría es la de los términos complementarios "ijiki" y "yaware."

Todos los practicantes de Karate saben que existen dos formas fundamentales de practicar los Katas; una fuerte y con velocidad y otra, de manera suave y corrigiéndo los movimientos. Los japoneses tienen unos términos que describen estas formas de entrenamiento y curiosamente, "ijiki" y "yaware," son palabras okinawenses. "Ijiki' equivale, aproximadamente, a las palabras japonesas "chi-kara" o "dasu," que significan "fuerza extendida." Los Katas efectuados en "ijiki" tienen fuerza, son vigorosos en sus gesto e incluso, los movimientos mas lentos poseen un aire de grandeza.

"Yaware," aunque tenga similitud con "yawara," no posee un equivalente en japonés. En el lenguaje coloquial, se utiliza como "despacio," "suavemente." En la práctica del Kata, "yaware" no solo se refiere a la lentitud con la que se ejecutan los movimientos, sino a la máxima extensión que han de tener. Para aquellos que no han sido entrenados de la forma correcta, "yaware" es muy difícil de apreciar.

Los practicantes de sistemas de Karate japoneses, realizan en ocasiones posturas muy abiertas. Lo mas amplias que puedan. La práctica de "yaware' es otras cosas. Cuando yo practicaba los Katas, al estilo "ijiki," bajo la mirada de uno de mis Maestros, este solía decirme que usara mas "gyame," es decir que "estirara" mas las técnicas en el momento del "kime." Cuando efectuaba los Kata estilo "yaware," mi Maestro me aconsejaba usar "aún mas gyame." Evidentemente, el sentido no era el mismo. En "yaware" uno mueve como si estuviera haciéndo Tai Chi, por consiguiente la intención es "estirar cada articulación todo lo posible." Desgraciadamente para uno, esto no es tan fácil como pudiera parecer a simple vista.

Inténta aplicar este principio usando los dos primeros movimientos del Kata "Pinan" (Heian) Shodan, "Gedan Barai/Oi Tsuki," ambos en "Zenkutsu Dachi." Cuando efectues el "gedan barai," imagina que tu hombro, codo y muñeca están siendo estirados hasta sus límites. Haz lo mismo con el tobillo y la rodilla izquierda. Incluso el cuello ha de estirarse como si alguien tirara de nuestra cabeza desde el techo con una cuerda. En cada gesto, aplica el mismo principio de "estiramiento." Cuando uno domina esto, comenzará a sentir como ese "estiramento" se produce en cada acción y ocurre de forma fluida.

Es un método de entrenamiento bastante agotador, pero si crees en la medicina okinawense todo el "kearu" acumulado en las articulaciones, será puesto en movimiento y producirá grandes beneficios en la salud.

Es un método similar al "Chi Kung" practicado en los sistemas chinos y los beneficios que se obtienen no tienen nada que ver con la defensa personal.

un correcto entendimiento de estos principios no solo te reportará buenos y saludables "dividendos," sino que también te ayudará a saber distinguir como se practica el Karate en su lugar de origen y en el resto del mundo.

Por favor, Maestro Kaiya, expliquenos las diferencias esenciales entre las tecnicas de 'tsuki' y las denominadas 'uchi'.

Esta es una de las cosas mas importantes que debe aprender a distinguir un karateka; la diferencia entre las acciones de "Tsuki' y las acciones de "Uchi." Para el principiante, no habrá diferencia, pero para el estudiante mas avanzado, habrá ciertas sutilezas que deberán diferenciarse. El karateka avanzado, no solo reconocerá los diferentes tipos de mecanismos corporales involucrados en los movimientos sino que los empleará de forma inconsciente, sacándo de ellos el máximo partido y efectividad.

El primer movimiento que aprende un estudiante, en general, es un golpe con el puño en movimiento penetrante hacia el blanco. Es un ataque con el puño que se realiza al frente y se denomina "Choku Tsuki." Las técnicas de "Tsuki Waza" consisten en aplicar la fuerza en línea recta. Para efectuar un puñetazo recto, el puño es colocado en el lateral de la cadera y proyectado al frente al tiempo que realiza un giro. Cuando el puño alcanza el objetivo el brazo está extendido y el codo casi a punto de encontrarse totalmente estirado.

Con el paso del tiempo, y con el progreso en el entrenamiento, el estudiante comienza a ver ciertas peculiaridades en el movimiento. Aprende la reciprocidad del otro brazo al efectuar el "hikite," la acción que da la potencia a las acciones penetrantes en Karate. Aprende que el "hikite" es una retracción de la mano contraria a la que golpea y que cuanto mas fuerte esta retracción es, mas potencia existe en la mano que golpea. Con anterioridad, la mayoría de la potencia provenía de la acción del hombro. Con tiempo y práctica, el estudiante aprenderá a relajarse hasta el punto en que pueda "hundir" el movimiento de giro en sus caderas para añadir mas potencia a su acción.

El karateka de nivel intermedio, descubrirá que el movimiento de giro del puño, no es algo tan simple y sencillo. El principiante gira su puño al comienzo del golpe, el avanzado lo realiza justo al final, añadiendo una mayor fuerza de penetración. El estudiante con mas tiempo de práctica, descubrirá que el movimiento es efectuado en una línea recta y que en el golpe, el brazo se expande y se contrae proyectándo una ondas de "shock" hacia el objetivo. Era la habilidad y la destreza en esto, lo que hacía que los antiguos Maestros de Okinawa fueran capaces de golpear a su oponente y hacer que éste cayerá frontalmente hacia el suelo.

Para el principiante, las técnicas de "Uchi waza" suelen ser mas complicadas debido la acción circular del movimiento. Un buen ejemplo de esto es el "Ura Ken Uchi," en donde la potencia del golpe proviene del latigazo del gesto y de la fijación del codo en la acción. Los principiantes se centrarán en aprender el mecanismo general del movimiento, mientras que los mas avanzados procurarán aplicar el giro de la muñeca justo en el último momento. Se debe prestar mucha atención a la flexibilidad del codo a fin de aumentar la velocidad del gesto, y a la contracción de los hombros para estabilizar el gesto. Todos estos detalles contribuyen a la acción "percutante" (snap) que se asemeja al movimiento de un látigo.

Se necesitan varios años de entrenamiento para ser hábil en el uso de las técnicas de "uchi waza." Los factores que las componen y los ángulos de ejecución son demasiado complejos como para asimilarlos de la noche al día. Desafortunadamente, muchos practicantes, una vez que han obtenido cierta habilidad en las técnicas, se conforman con este nivel de ejecución. Tales individuos, mejorarán ligeramente su velocidad de realización, pero serán incapaces de aumentar la potencia del golpe. Esta potencia tan solo podrá ser obtenida a través de una instrucción correcta que les permita relajar los hombros y aumentar la fuerza de rotación de las caderas.

En el próximo Campeonato de Karate al que asista el lector, que no deje de observar las técnicas que allí se ejecutan. Incluso aunque hagan contacto, carecerán de los principios básicos del Karate Do. Es curioso, pero algunos practicante piensan que este tipo de acción es como deben ejecutarse las técnicas de "Uchi Waza." A menos que tengan la ocasión de "sentir" y "ver" los verdaderos golpes del Karate, estos practicantes, aunque lleguen a campeones, no sabrán nada de las técnicas de este Arte.

La fuerza de las técnicas de "Tsuki" reside en su fuerza devastadora; su debilidad, en que con el brazo estirado son muy susceptibles a ser bloqueadas con cierta facilidad. La ventaja de las técnicas de "Uchi" es su velocidad. Su punto débil, la menor potencia que pueden generar.

El verdadero karateka debe conocer estos aspectos, pero el primer paso está en ser capaz de diferenciar unas técnicas de otras de la forma correcta; en principio, acción y aplicación.

Si tuviera que elegir un movimiento para refinar tantas facetas del Arte, como fuera posible, ¿cúal sería el elegido?

Mi elección particular es el ejercicio del Kendo denominado "joge suburi." "Joge Suburi" significa "oscilación ascendente y descendente," y aunque puede parecer de lo "mas simple" e irrelevante, la verdad es que es increíblemente complejo y proporciona una serie muy amplia de beneficios a quien lo practica asiduamente.

Para efectuar el ejercicio, toma un "shinai" y sitúate de pie, los pies mirando hacia el frente con los dedos del pie izquierdo detrás pero cerca del talón derecho. Da un paso hacia atrás, con el pie izquierdo de unos treinta centímetros, entonces desplaza el otro pie hacia atrás exactamente la misma distancia. De forma simultánea, lleva el "shinai" detrás de tu cabeza hasta que la punta del mismo toque la parte superior de tus nalgas. Ahora da un paso al frente tomando la misma distancia que habías retrocedido con anterioridad. Al mismo tiempo, golpea con el "shinai," hasta que la punta del mismo toque el suelo.

Repítelo otra vez...una y otra vez, hasta que no puedas levantar el "shinai" a la altura de los hombros.

Los practicantes de Kendo realizan miles de repeticiones de "joge suburi" y los karatekas pueden beneficiarse de este excelente ejercicio también. Efectuado rápidamente y de forma rítmica, es un ejercicio aeróbico que puede equipararse a saltar a la cuerda. Recuerda moverte sobre la punta de los pies (koshi) cuando efectues el movimiento. Los kendokas tienen unos gemelos impresionantes y el "joge suburi" es el principal motivo. Igualmente, es un medio excelente para desarrollar los muslos y las caderas.

¿Alguna vez te has parado a pensar como algunos de los Maestros japoneses, salen y entrar en la distancia como si tuvieran unos railes bajo los pies? Si tienes la oportunidad de investigar en su pasado, descubrirás que muchos de ellos estudiaron Kendo y efectuaron "joge suburi" de forma constante. El pequeño salto de "entrar y salir" en el desplazamiento de "joge suburi" es un entrenamiento ideal para los movimientos laterales en combate.

Los ejercicios de "jogen suburi" tiene una amplia variedad en su ejecución. Pueden ser efectuados de forma lenta y deliberada, o tan rápido y fuerte como se pueda. Podemos usar un "shinai" ligero durante el entrenamiento, o un "bokken" pesado. El utilizar el "shinai" nos aporta un mayor beneficio aeróbico, mientras que la práctica con el "bokken," nos proporciona un excelente entrenamiento de resistencia muscular.

Hemos de tener cuidado, puesto que es nuy fácil efectuar "jugen suburi" de forma incorrecta. Procura no mover como un péndulo, con la parte inferior del cuerpo balanceándose y la superior permaneciendo estable. Mueve todo el cuerpo como si fuera un solo bloque. Cuando efectues el golpe descendente con el "shinai" o con el "bokken," mantén la pelvis girada hacia arriba, no golpees de forma alocada y procura que, cuando hayas finalizado el golpe, el arma no oscile.

Esto requiere una buena capacidad de contracción muscular. Para verificar su capacidad y control, coloca una cuerda atada de forma horizantal, enfrente de tí y situada a la altura de la cintura. Golpea fuertemente al aire y, cuando esté el arma a punto de tocar la cuerda, para el movimiento de forma brusca pero totalmente controlada. Evidentemente sin tocar la cuerda. Cuando seas capaz de detener el arma que está viajando a toda velocidad, en el justo momento en que roza la cuerda, tendrás mucha mas habilidad con la espada que todos estos "maestros" que cortan melones y sandías en los estómagos de sus estudiantes.

Al igual que todos los ejercicios que merecen la pena, el "jogen suburi" te desafía constantemente. Intenta abarcar una distancia mayor con tu desplazamiento en cada sesión de entrenamiento, o usa una espada mas pesada, o haz mas repeticiones. Siempre hay algún camino de mejora si nos dedicamos seriamente a nuestro Arte.

El concepto de la vacuidad, el vacio, es algo muy relevante en la cultura japonesa, podria decirnos como afecta esto al Artes Marcial en particular?

Con anterioridad a 1936, el ideograma japonés con el que se escribía "Karate," era el denominado "Kara," también pronunciado como "Tang" o "to," en alusión a la dinastía china de Tang. Con "Te" significando "mano," el término quedó como "Manos chinas."

Funakoshi Gichin, el hombre que llevó el Arte desde Okinawa a Japón, pensó que los okinawenses se había precipitado al describir su método como "chino" poseyéndo éste un alto componente japonés. Además, afirmó que el Karate tenía una filosofía ("Do") y que era mucho mas que un método de combate, era un medio para alcanzar una vida mas satisfactoria.

En un esfuerzo para cambiar este énfasis del Arte y darle un mayor componente de "camino de vida," Funakoshi cambió el ideograma de "kara" de "Tang" al de "Ku," que también se pronunciaba "kara" y que podía encontrarse en el Sutra Budista "Hannya Shingyo" que contiene la frase "shiki soku ze ku, ku soku ze shiki" ("la forma se convierte en vacío, y el vacío se convierte en forma"). Frase que Funakoshi constituyó como esencia de su Arte.

"Shiki" es lo visible, la forma física de una cosa, es la apariencia externa de algo, como un "kata" o una técnica física. "Ku" es un término similar a "mu" de "Mushin" y significa "vacío." Pero hay que destacar que "mu" se refiere específicamente a un proceso mental, mientras que "ku" indica un estado de ser, sin ningún tipo de forma específica. "Ku" reconoce la existencia, pero describe una ausencia de forma en esa existencia.

"Ku" es muy difícil de describir, pero relativamente fácil de sentir. Por ejemplo, cuando nos encaminamos hacia nuestro trabaja todos los días, existen una serie de cosas en proceso que ocurren a nuestro alrededor, proceso que nosotros percibimos y aceptamos. Ese proceso es el cambio de las estaciones climatológicas. El verano se convierte en otoño y éste en invierno. De repente, percibimos la bajada de las temperaturas y nos damos cuenta de que necesitamos un jersey mas o otra manta en la cama. Este cambio de estación a estación es "ku." Las estaciones y los cambios existen, pero no se basan en una acción consciente. No podemos ayudar al cambio de estación con nuestra consciencia, ni las estaciones tienen noción de su propio cambio. El proceso del cambio no tiene "shiki," forma visible, pero existe de forma clara.

En el nombre de "Karate Do," el significado de "kara" es el mismo. Por ejemplo, cuendo un estudiante aprende su primer Kata, se concentra en los movimientos, involucrándose conscientemente en cada uno de los detalles nseñados por su instructor. Se necesita un cierto grado de consciencia y se ha de dar atención a "shiki," la forma física del Kata. Después de muchas repeticiones, el estudiante deja de pensar tan conscientemente en los movimientos, llegándo a ser estos mucho mas naturales y permitiéndo que sea el cuerpo quien recuerde la secuencia de los movimientos. La forma ("shiki"), está convirtiéndose en vacío ("ku"). Es decir, "shiki soku ze ku."

Al cabo de miles de repeticiones, el Kata es parte de la naturaleza marcial del estudiante. Cuando observamos a un experto efectuar un Kata, nos parece como si estuviera "en otro planeta." Es como si él no estuviera haciendo el Kata, parece como si "el Kata se estuviera haciendo a si mismo a través del cuerpo del practicante." No hay pensamiento consciente que se centre en el movimiento físico del Kata. Esta vacuidad, éste vacío completo (ku) es el mismo vacío que existe en los cambios de estación. No hay pensamiento consciente y los "shiki" (estaciones o técnicas del Kata) están siendo expresadas a través de este vacío. Es decir, "ku soku ze shiki."

En el Kata "Kanku Dai" o "Kosookun Dai," el primer movimiento esta representación visual de "shiki soku ze ku, ku soku ze shiki." Las manos se juntan y se elevan mirando al cielo a la altura de la cabeza. Se separan, en un amplio arco y se vuelven a juntar en el centro del cuerpo. Juntas "son" la forma. Separadas, representan el "vacío." La forma se convierte en vacío, el vacío se convierte en forma.

En la mas pura tradición Zen, se enseña a los discípulos que "shiki soku ze ku, ku soku ze shiki" significa que "lo positivo se convierte en negativo, que lo caliente llega a ser frío, las ganacias a pérdidas, etc."

La frase es un ejemplo de la creencia de que el Universo esta dinámicamente equilibrado y que existen un fluir constante entre los polos.

En el Arte del Karate, la expresión de "la forma a través de lo vacío" tan solo puede hacerse palpable por medio de repetir miles de veces la misma acción. Los instructores modernos suelen decir; "practica esta técnica hasta que sea una acción natural, refleja." Pero en su manifestación mas real, la técnica que ha sido repetida miles de veces, no es "una acción natural o refleja," es la representación externa de la vacuidad ("ku") del practicante. Ku soku ze shiki.

El verdadero beneficio de este estado mental en combate o en una pelea real, es que el practicante no ha de pensar en la situación o pararse a diseñar un plan de estrategia para éste o aquel oponente. En tiempos de "crisis," el estudiante que ha entrenado de la forma correcta, se "liberará de su mente," permitiéndo que las técnicas fluyan. Sin importar la acción que efectue el oponente, el karateka reaccionara con fuerza y decisión, la reacción parecerá comenzar antes que la misma acción.

Todos hemos oido del Maestro que "parece saber que es lo que va a hacer su adversario." Pues bien, "shiki soku ze ku, ku soku ze shiki" es el secreto. tenemos las misma probabilidades de detener su ataque, que las que tenemos de parar una nevada lanzando puñetazos al cielo. Es imposible atacar el Vacío.

Hace algún tiempo me encontraba leyendo una publicación sobre el método de supervivencia en la jungla. Uno de los consejos que daba el artículo era que, sin importar cual fuera la decisión tomada, contar hasta 100 antes de llevarla a cabo. Que opina al respecto?

El contar hasta 100 proporciona el tiempo suficiente para relajar la mente y observar la situación de forma objetiva, permitiendo concentrarnos en la tarea requerida, que no es otra que sobrevivir. El ocupar la mente por unos instantes en un trabajo repetitivo, puede hacer maravillas en el individuo. Este es el objetivo final del "do," de la ceremonia del té o del arte de arreglar las flores. Para el "okyaku," el detenerse en el exterior de la casa del té para limpiarse la boca y las manos tiene una valor práctico, pero igualmente sirve como un método de "despejar la mente."

En las Artes del Budo también se cuenta hasta cien, pero muy pocos practicantes obtienen el beneficio adecuado de esta pausa, y aunque el "sobrevivir" tiene un significado diferente en el "dojo" que en la jungla, el tiempo que uno tome para prepararse tiene una transcendencia vital. Este momento, suele ocurrir durante el entrenamiento, y no parece a simple vista nada especial. De hecho, la preparación mental para el entrenamiento en el Budo, comienza en el mismo instante en que el practicante saluda.

Es algo común, y correcto igualmente, el adoptar la posición de "tachirei" y "zarei" como prueba de cortesía. Es incorrecto, el pensar que "tan solo" son unas posiciones sin mas transcendencia.

Consideremos por un momento el comienzo de una clase de Karate. Los estudiantes forman en línea y se sientan. Saludan al profesor y a sus compañeros, todo ello de la forma correcta. Cuando comienza el ritual, las mentes han de estar en un estado de máxima concentración. Todos los problemas exteriores son relegados. Lo que es importante ahora, es la lección, el entrenamiento, la experiencia directa de enfrentarse a los ataques y acciones de un oponente.

El Arte del Karate Do puede ser extremadamente peligroso. Sí, muy peligroso. Un simple error por parte del cualquier practicante puede resultar en una grave lesión. Cuando la habilidad de los practicantes aumenta, también aumenta la peligrosidad de las acciones. Por ejemplo, el "yakusoku kumite" de unos principiantes es simple y débil desde el punto de vista técnico. Un error, puede ocasionar dolor, pero no mucho mas. Según pasa el tiempo y los karatekas continúan practicando, los ataque son mucho mas veloces y potentes. Las consecuencias de un error puede ser desastrosas. El karateka avanzado, debe comenzar el entrenamiento con una enorme seriedad, puesto que ha de aceptar el hecho de que existe la posibilidad de dañar a alguien, incluso a sí mismo. Para él, los rituales efectuados en el "dojo" tienen una gran importancia.

En las Artes del Bugei, cuanto mas serio era el Arte, mas estricto y serio era el ritual. La mayoría de las artes modernas utilizan formas muy simples de saludar antes del entrenamiento. En el Bujutsu, las ceremonias y rituales eran una necesidad. Los enfrentamientos en el campo de batalla requerían de una concentración altísima que les permitiera hacer frente a situaciones de vida o muerte de la manera adecuada. Se requerían años de práctica para dominar y utilizar de forma efectiva el control mental y la compostura.

Las acciones y la naturaleza del "reishiki" (etiqueta) que acompaña a las artes del Bujutsu clásico no son un anacronismo como un neófito pudiera pensar, sino una forma dinámica de concentrar y enfocar la mente en el entrenamiento que se va a realizar. Aunque los karatekas modernos tal vez no realicen este tipo de práctica, es importante que adopten una actitud similar en relación a sus sesiones de entrenamiento. Pero, ¿qué hay de esos "dojos" en donde una simple inclinación y un palmotazo en los muslos es suficiente?

Bueno, ya lo dije antes, cuanto mas serio es el Arte, mas importante es entonces el ritual. Si el practicante esta interesado tan solo en hacer combate y "kata," el ritual no es muy importante para él. Si, por el contrario, dedica su entrenamiento al Karate Do, lo cual exige el enfrentarse a ciertas cosas con la actitud de "vida o muerte," indudablemente, cómo prepare su mente para la actividad será tan intenso como si tuviera que sobrevivir en la jungla.

En la actualidad podemos ver muchos "dojos" con diveros tipos de superficie para entrenar, pero ¿cúal es la superficie correcta para el Karate?

Para el karateka tradicional, es una superficie suave, dura que posee una cierta flexibilidad y proporciona un ligero rebote en las acciones. Curiosamente, este tipo de suelo es el utilizado en Japón en los "dojo" de Karate. En japonés, "yuka" es la palabra mas cercana a "suelo," y se refiere concretamente a una "plataforma elevada." Los suelos en las casas japonesas han estado siempre elevados del nivel del suelo desde los tiempos antiguos. Generalmente, están asentados sobre postes que, a su vez, permanecen clavados en las piedras o en el suelo. Algunos "dojo" de Karate y Kendo incluso han colocado una especie de muelles para aumentar la acción de "rebote" en los desplazamientos. Este tipo de construcción, no solo permite una mayor estabilidad durante los terremotos, sino que que es una superficie mucho mas "saludable" para el entrenamiento. Los pisotones, botes y saltos efectuados durante el entrenamiento son absorbidos directamente por el suelo, lo que ayuda a reducir considerablemente los problemas de pies y espalda que normalment experimentan aquellos practicantes que entrenan sobre otro tipo de superficies. En los "dojo" mas tradicionales, la tarima está compuesta por una serie de láminas que se encuentran enganchadas y que se denominan "aijaku-ri." Cuentan que el Maestro Jigoro Kano, solía reparar el mismo las láminas en mal estado o rotas que provocaban las caídas de sus estudiantes. A veces los estudiantes se encontraban entrenando y de repente, el Profesor Kano salía de debajo del suelo como si fuera un "muerto viviente."

Hay una serie de "secretos" de como la tarima ha de ser cortada para que puede ser utilizada en un "dojo" de Karate, debido a que los parcticantes se encuentran descalzos durante todo el tiempo. Tradicionalmente, el suelo ha de ser construído e instalada por un "shokunin," que no es mas que un verdadero especialista y que está muy familiarizado con un método especial de tratar la madera.

Otro de los detalles que suelen pasar desapercibidos es que, aunque a simple vista el suelo puede parecer nivelado, la verdad es que existe una "tripa" justo en el centro del "dojo." Esta elevación se denomina "ashigatame" y desde ella, el suelo "desciende" ligeramente hacia ambos lados. La inclinación ayuda a eliminar la humedad, pero es tan sutil que difícilmente puede ser apreciada por el ojo humado.

El ciudado del suelo en el "dojo" no es nada especial. Tan solo se barre y se... entrena. El constante deslizar y frotar de los pies, hace que tenga un brillo excelente. Cuando, excepcionalmente, se necesita una limpieza mayor, se utilizan unas balletas especiales y agua caliente. Nunca se aplican detergentes y, ocasionalmente, se aplica un aceite vegetal.

Uno debe ver su reflejo en el suelo de un verdadero "dojo" de Karate. Mira con profundidad y verás el reflejo de todos aquellos que han pasado por allí antes que tú, de aquellos que han ayudado a pulir ese suelo, al tiempo que pulían su espíritu.

En una situacion extrema, el control de la ira es una de las facetas mas difíciles de dominar, no es asi?

Según el pensamiento y las creencias antiguas del Japón, existen cuatro "enfermedades" principales que pueden afectar al artista marcial. Una gran parte del entrenamiento que se lleva a cabo en el "dojo', sea tanto mental, físico o espiritual, está enfocado a fortalecer al practicante y a prevenir que "caiga enfermo." Estos virus o enfermedades son: el miedo, la duda, la preocupación y la sorpresa. A esta lista sería correcto el añadir un "pecado" mas que es tan negativo e insidioso como el que mas; la ira.

"El hombre es como el acero" reza un antiguo proverbio, "una vez que pierde su calma, no tiene ningún valor." Uno de mis instructores tenía una forma distinta de expresar lo mismo. Una vez llamó mi atención cuando estabamos entrenando en el "dojo" con los "bokken" o espadas de madera. Acababa de experimentar algo que todo "budoka' ha sentido alguna vez en su vida. Se me había olvidado una parte de un Kata. Había alcanzado el nivel en donde secciones de disitintos Kata fluyen de forma conjunta. Movimiento que habían sido entrenados de forma encadenada durante años, se habían disipado momentáneamente y mi malestar, aún siendo una persona con un nivel muy bajo de fustración, estaba saliendo al exterior. Cuando cometía un error, allí estaba mi Sensei, mirándone y esperándo a que efectuara el movimiento correspondiente.

"Shimatta zo" grité exasperado por mi propia estupidez.

La respuesta de mi instructor a mi acción, fue un golpe de su "bokken" contra el mio, con tal potencia y fuerza que mi arma salió volando y tuve la sensación de que mis manos había sido cortadas de un tajo y separadas de mis antebrazos. "La ira es un lujo que no te puedes permitir" afirmó.

¿La ira un lujo? Es una forma muy particular de describir una emoción, pero mi Sensei me explicó el motivo una vez que retomó mi atención con un cierto dolor.

Si, la ira es un lujo puesto que nos hace concentrar la atención en una sola cosa: nosotros mismos. Recuerda la última vez que perdiste las llaves, que no sabías en donde habías dejado la cartera o que querías "clavar el acelerador hasta el suelo" cuando el coche no arrancaba. En esos momento no existe nada mas en el mundo, solamente el problema inmediato. La ira, puede ser comparada a unas "vacaciones para la mente." Cuando uno se toma unas vacaciones puede irse a esquiar, encontrar tiempo para leer un libro, ir a la montaña, etc. ...La ira no es tan divertido, pero nadie puede negar que ayuda a "sacar el calor" cuando uno está verdaderamente irritado. Sí, exactamente como yo hice durante mi entrenamiento.

Cuando perdí la calma, me perdoné a mi mismo. Me centré en mi problema, pero me olvidé de mi oponente. En el campo de batalla, en el combate, en donde estas acciones deben llevarse a cabo de forma real, este "lujo" me podía haber costado la vida. Mi ira, era un lujo, que como "guerrero" no podía permitirme. El precio a pagar, podía hacer sido muy alto.

Algunas veces podemos creernos que la ira "nos da fuerza." Si nuestro objetivo es algo intrascendente y fácil, tal vez. Si tengo que dar una patada a una puerta, posiblemente me ayude, pero si uno ha de enfrentarse a un enemigo de alto nivel, ya no es tan simple. Deberemos ser conscientes de la distancia, del timing, de las acciones y de las reacciones del oponente, de la posibilidad de encarar a mas de un adversario, etc. ...En una situación así, no hay lugar para la ira.

Tal vez sea una utopía el pensar que podemos eliminar nuestra ira a través del entrenamiento. En mi caso particular, no tengo muchas esperanzas, pero si el entrenamiento no puede eliminar nuestra ira, al menos si estoy seguro de que nos ayudará a controlarla y verla como lo que realmente es: un lujo que no podemos permitirnos.

¿Cúales son las responsabilidades de un estudiante antiguo, "senpai," en un "dojo" tradicional?

Esta, es una pregunta importante, pero que muy poca gente se cuestiona en nuestros días. Desafortunadamente, la actitud del "yo primero" está demasiado extendida y los estudiantes mas antiguos tan solo se preocupan de su propio desarrollo. Los "juniors" o "kohai," suelen ser tomados como una "carga" o utilizados como "sacos móviles." No es difícil encontrar un gimnasio en donde los competidores que se preparan para un campeonato, sitúan a los "kohai" en límea y los utilizan como "sparring-partners."

    Esta actitud es criticable desde cualquier punto de vista. El verdadero karateka y artista marcial, en general, trata a su inferior como si fuera su hermano pequeño. Un karateka con un conocimiento y una educación correcta, sabe que la fuerza de su "dojo" y de su Arte, reside en las generaciones venideras. Por lo tanto, las cuida con esmero.

    El pasar tiempo con los "kohai" es tan solo una de las obligaciones y atribuciones que pertenecen al "senior" o "senpai." Otra de sus responsabilidades, es la de evaluar constantemente la habilidad del "kohai" y adaptarse a su nivel. Pongamos por caso que el "junior" está entrenando su "tai sabaki" o desplazamiento lateral sobre un ataque de patada frontal. El "senpai" está ejecutando el ataque de "Mae geri" para que su "hermano pequeño" pueda trabajar la técnica. Un "senpai" egoísta, tomará esta situación como una oportunidad para su propio entrenamiento y lanzará cada patada con toda su fuerza y velocidad. Uno mucho mas maduro y responsable, adaptará tanto su velocidad como su fuerza al nivel técnico del compañero. Tal vez las primeras sean ejecutadas a un nivel muy por encima del que posee el "kohai," pero de forma progresiva se irá ajustando a sus necesidades. Esto ayuda al "kohai" a desarrollar un sentido de su movimiento y a ser competente en su utilización.

    El "senpai" posiblemente pueda "subir" un grado el nivel de ejecución y comenzar a poner un poco mas de velocidad en su patada, haciéndo que el "kohai" tenga un "desafió" para mejorar su técnica. El "senpai" continuará golpeando mas fuerte y mas rápido hasta que alcance el límite de habilidad del "kohai." Luego, bajará nuevamente el nivel, pero no tanto como antes.

Se ha de entender, que el "senpai" no está descuidando su propio entrenamiento. Cuando está lanzando sus "Mae geri" a velocidad lenta, deberá estar evaluando su propia capacidad de ejecución técnica; ¿está la rodilla en su sitio?, ¿la cadera sale hacia el frente como debe?, etc. El "senpai" está analizando sus acciones, mientras que ayuda a progresar a su inferior.

El estudiante mas antiguo no debe nunca olvidar, que de la misma manera que él observa el progreso y la evolución de los "kohai', éstos están mirándole constantemente a él, analizándo su técnica y su comportamiento. Los "kohai" serán los primeros en darse cuenta si el "senpai" se siente "atraído" por alguna compañera de entrenamiento, ignorándo a los demás. Percibirán la asistencia de éste a las clases y tomarán nota de su puntualidad. Prestarán mucha atención a su relación con el profesor y al respeto con el que se dirige hacia éste. Y, por supuesto, se notarán si el "senpai" vive los preceptos y enseñanzas del Arte dentro y fuera del "dojo."

No es algo fácil ser un "senpai." Es muy similar a un largo y doloroso proceso de crecer y darse cuenta de que la generación mas joven confía en nuestro conocimiento, apoyo y cuidado. Depende enteramente del "senpai," el no defraudárles.

¿Existen técnicas "secretas" en el Arte del Karate Do?

Antes de contestar, deberemos determinar que queremos decir con el término "técnicas secretas." Los practicantes de las Artes del Budo en la época del Japón feudal, mantenían ciertas técnicas lejos del alcance del resto de las personas. Incluso las técnicas mas básicas, y por supuesto aquellas que caracterizaban al estilo en particular. Esto era bastante comprensible, puesto que si el enemigo conocía los "trucos" del sistema, tenía mas posibilidades de derrotarle en combate. Por consiguiente, el entrenamiento se llevaba a cabo en privado y las técnicas "particulares" del sistema, los "okuden," eran mantenidos en secreto.

Con la modernización del Japón, llegó el desarrollo de las Artes Marciales, entre ellas la popularización del Karate. Los artistas marciales ya no necesitaban de un "campo de batalla" en donde probar sus técnicas y el arte estaba a disposición de diferente tipo de gente. Los métodos de entrenamiento y los diferentes sistemas se "abrieron" para todos aquellos que tenían las ganas y el deseo de entrenar con constancia y dedicación. En artes como el Karate Do, llegó a no haber "okuden" alguno. No se ocultaban ni técnicas ni métodos de entrenamiento que pudieran ayudar al estudiante a alcanzar un alto nivel de destreza.

Si hay, sin embargo, ciertos aspectos que no son revelados iniciamente al practicante, y hay razones consistentes para hacerlo así. Al comienzo de su entrenamiento, el practicante debe estar inmerso en como hacer la técnica correcta, desde sus posiciones hasta los movimientos de ataque y defensa. un practicante que debe centrarse en como hacer su "Zenkutsu dachi" técnicamente correcto, no deberá preocuparse en conocer la mecánica del "Yoko Tobi geri." Por este simple motivo, hay ciertas cosas que han de ser "mantenidas lejos" de los estudiantes mas nuevos; cosas que para aquellos que abandonan el entrenamiento en el Arte antes de alcanzar un cierto nivel, pueden parecer "secretos." Debido al hecho de la competencia existente para reclutar estudiantes en nuestra sociedad, algunos profesores puede "guardar" cierta información a fin de asegurarse que los estudiantes continúan asistiendo a clase. Algunos profesores con menos integridad, presentan cierto tipo de técnicas como "secretas" y "esotéricas" a fin de elevar su "status" y darse un aire místico y transcendente.

El Arte del Karate Do, cuando era practicado como un método de auto defensa en Okinawa, requería que ciertas técnicas fueran mantenidas en secreto. el que estas técnicas sean expuestas y presentadas a cualquier persona que desee "verlas" es una prueba de cúan lejos estamos del verdadero sentido del Karate original y de sus raíces.

¿Hay, pues, "secretos" en el Arte? La respuesta, sin lugar a dudas, es SI. Hay secretos que descubrir dentro de nosotros mismos; nuestras fuerzas y debilidades se nos revelan a través de la práctica del Karate. Pero no, no hay técnicas o movimientos "secretos." De hecho, los "secretos" del arte del Karate Do son, paradójicamente, algunas de las verdades universales mas profundas de la humanidad. Conocerlas, es conocer los "secretos" del Karate.

El karate ¿Arte o deporte?

No hace mucho tiempo, en una reunión mantenida por algunos de los mas importante líderes del Karate mundial, surgió una pregunta que ya estaba en la mente de todos los presentes: "¿Es el Karate, un 'arte' o un 'deporte'?" Evidentemente, según sea la respuesta, ésta condicionará como el sistema ha de ser enseñado y practicado por los instructores y estudiantes respectivamente.

Los miembros sentados en aquella mesa eran todos "tradicionalistas" por definición, lo que dió como resultado y consenso de que el "Karate Do es un Arte, y como tal ha de ser enseñado." Sin embargo, no podemos olvidar, que en nuestros dias el Karate tiene un aspectos deportivo muy relevante...y este es el problema. ¿Cómo puede un instructor enseñar un Arte, pero presentándolo simultáneamente como un deporte?

El Karate Do, en sus orígenes, fue un arte de defensa personal. Durante su reorganización en la era Meiji (1868-1912) el Arte se transformó en una forma de "Do" y las técnicas que un día fueron entrenadas y diseñadas para combatir, se convirtieron en el punto focal de un arte de auto-perfección. Hasta mediados de los años 50, en Japón el Karate mantuvo el sentido original del "ikken hisatsu" y los métodos de enseñanza se basaban en la creencia de que el ser humano mejoraría, como tal, si era entrenado en la idea de la lucha a "vida o muerte." Esto haría que se tomaran el Arte como algo serio, preparándoles al mismo tiempo para cualquier situación en la que la defensa personal fuera necesaria. Con la llegada del aspecto deportivo dentro del Karate, las técnicas comenzaron a sufrir unas ligeras modificaciones. Obviamente, los estudiantes no podían hacer contacto pleno con sus golpes. El impacto debía de ser controlado. Igualmente, si los competidores "esperan" el momento decisivo para lanzar "ikken hisatsu," el torneo podría durar una eternidad, lo que atraería a menos espectadores. Fuera del Japón, los espectadores que asistían a las competiciones no lo hacían para ser educados en los preceptos del Budo. Estaban allí para entretenerse, no para ver como dos karatekas esperaban y esperaban hasta que podían efectuar una técnica "decisiva." La solución a este dilema, se ha ido disipando a lo largo de los últimos 30 años. Había que encontrar la forma en que el Karate continuaba siendo un medio de auto-perfección pero al mismo tiempo, un espectáculo lo suficientemente atractivo como para llamar la atención de la gente. Las posiciones de combate fueron elevando su centro de gravedad de forma progresiva y los competidores empezaron a "saltar" sobre las puntas de los pies. En la ejecución de los Katas, se comenzó a hacer mas énfasis en lo estético. Un Kata que siempre había sido caracterizado por lo letal de sus técnicas y lo efectivo de sus movimientos aplicados en combate, ahora era reconocido por lo "bello" y "espectacular" de sus acciones.

En la actualidad, y en la mayoría de las escuelas de todo el mundo, esto no es un grave problema. Aquellos que desean seguir enseñando de forma tradicional y alejándose de los campeonatos deportivos, así lo hacen. Contrariamente, los que buscan "marcar el punto," entrenan para ello. Pero para aquellos que llevamos en el Karate muchos años, este es un "gran" problema. Nuestras raíces están en el Karate como Arte, pensamos en la idea de "ikken hisatsu" como la manera correcta de ejecutar un ataque y al mismo tiempo, nos damos cuenta de que el Karate deportivo no va a desaparecer. Es una arma muy poderosa para dar a conocer el Arte en todo el mundo. Así pues, ¿cúal es la solución? La verdad es que es muy dificil hacer que todo el mundo esté de acuerdo. Es prácticamente, imposible. Algunos creen que se ha de seguir con la concepción tradicional, como era en el pasado. Otros, que hay que fomentar el deporte y potenciarlo.

Mi opinión es que se ha de realizar un cambio importante, en los "dojo" en donde se enseña el Karate tradicional. No quiero decir que los preceptos fundamentales hayan de ser alterados, que el entrenamiento riguroso tenga que ser "suavizado," que los medios para que el estudiante obtenga un control emocional y un grado de humildad apropiado deban ser modificados. No, esto jamás. Lo que si creo, es que en un momento cercano al grado del cinturón negro, se ha de comenzar a enseñar, como una entidad separada, los aspectos deportivos. Esta idea, es contraria a lo que pensaban mis Maestros, pero creo que podría funcionar en los tiempos modernos. No hay duda de que los entrenamiento mas tradicionales, posiciones bajas, miles de repeticiones de las técnicas mas básicas, atención a los detalles del movimiento, etc... beneficiarán a cualquier estudiante que desee entrar en un competición. El trabajo duro y el acondicionamiento del cuerpo es fundamental para cualquier actividad deportiva, sea de la índole que sea.

Al haber desarrollado unos fundamentos consistentes, el estudiante encontrará mucho mas fácil el "saltar" sobre sus pies. El "marcar el punto" es mucho mas fácil que el "matar a un oponente" con un golpe certero y potente. Los últimos tiempos han sido muy difíciles para los profesores que fomentan el Karate tradicional. Sin embargo, si el Karate ha de mantener sus bases y al mismo tiempo, gozar de la popularidad que ofrece el deporte, ya es hora de que los instructores comiencen a condiderar todas las opciones de forma seria.

El atacar a la cabeza del oponente se ha convertido en algo relativamente simple en el arte del Karate, tal vez debido al aspecto deportivo del mismo, pero antiguamente habia diferentes metodos y tecnicas para ellos, no es asi?

Cuando el instructor da la orden de "jodan," el karateka sabe que ha de atacar a la zona alta de su adversario, a la cabeza. A menos que su entrenamiento haya sido guiado por un profesor "tradicional," el estudiante será incapaz de contestar a una serie de preguntas muy específicas acerca del "blanco" de su ataque. Lo mas seguro, es que golpee alrededor de la mandíbula, debido a que esto es lo "mas natural."

Los boxeadores golpean la mayoría de las veces a la zona de las cejas, para lo grar que se dilaten y, con posterioridad, buscan la mandíbula para conseguir dejar K.O. al oponente. Tal vez sea algo muy simple, pero verdaderamente efectivo. Sin embargo, en el Karate, existen una metodología mas científica de cómo y dónde golpear a la cabeza de un adversario. Chomo Hanashiro, el conocido Maestro de Okinawa, afirmó: "La cabeza es tan dura como un coco. Es mejor atacarla en las juntas." Evidentemente, Hanashiro sabía de anatomía. Las juntas o suturas son las partes del cráneo en donde los distintos huesos entran en contacto. Tienen una forma similar a las grietas de una roca. Existe una junta que cruza lateralmente la parte superior y se denomina, en el arte del "Kyusho," como "tendo." Otra, denominada "tento," se encuentra por encima de la frente. Estos puntos o áreas, son comparativamente mucho mas débiles que otras zonas del cráneo, por lo que son altamente vulnerables a un ataque con "tettsui" o con el codo.

En algunos sitios, estas "juntas," están situadas muy cerca de una zona en donde existe una acumulación de nervios o terminaciones nerviosas. La anatomía nos enseña que hay una zona por debajo de la base de la nariz, en donde se juntan las dos partes de la mandíbula. Esta zona se denomina "jinchu" en japonés. Aquí existe una acumulación de nervios, lo que la convierte en una zona muy sensible a cierto tipo de ataques como éstos realizados con "tegatana." En la "leyenda" del arte del "Kyusho" se afirma que con un golpe de "shotei" se pueden aplastar estos huesos contra el cerebro. Estudios mas científicos relacionados con la anatomía, nos dicen que esta teoría es bastante improbable. Otro punto vital es llamado "dokko," y es la zona que se encuentra detrás de las orejas y su manipulación es extremadamente dolorosa.

Evidentemente, se puede ver que todos estos puntos que se encuentran en la cabeza son relativamente pequeños, por lo que si se desea atacarlos se necesitará de una gran precisión en la aplicación de la fuerza y los golpes. El karateka tiene una serie de armas en su arsenal que pueden ser utilizadas perfectamente a tal fin. El karateka mas tradicional sabe que muchas de las "armas" olvidadas por sus contemporáneos mas deportivos, tales como las primeras falanges de los dedos índice y anular, junto al canto de la mano, son verdaderamente útiles cuando el Arte es "mas que deporte."

Un objetivo claro y recomendado por todos los profesores a sus alumnos en situación de peligro, es el "gansei" (ojos). El karateka puede atacar esta blanco igualmente, pero conoce de la dificultad implícita. Los ojos están protegido por una serie de músculos que lo rodean junto con los huesos de la órbita del cráneo (estos huesos pueden ser atacados y reciben el nombre de "seido"). Los ojos no son mas grandes que una uva, y con la movilidad de la cabeza en combate, las posibilidades de golpearlos de forma nítida se reduce a aquellas personas con un alto grado de técnica y entrenamiento.

Contrariamente, el boxeador buscar traumatizar la zona de la cara de su oponente o dejarle K.O. con un golpe a la mandíbula. El karateka muy raramente intentará cortar la ceja de su adversario o romperle el labio. Su interés es dejarle K.O. o incapacitado para poder pelear. El "gekon," zona central de la mandíbula que provoca una pérdida de consciencia repentina si es golpeada de forma nítida, es uno de los objetivos claros. El "mikazuki" o parte lateral superior de la mandíbula es igualmente sensible a un golpe y deja inconsciente al individuo de manera inmediata.

Los "Mimi" (oídos), las "komekami" (sienes) y el "miken" (base de la nariz) son otros blancos a tener en consideración. Para el principiante, golpear a la cabeza es "suficiente," para el estudiante avanzado y para el experto, son los puntos vitales del "Kyusho" los que conforman el grupo de blancos deseados por sus golpes.

No olvides el usar tu cabeza antes de atacar la de tu oponente y verás como, cuando todo haya acabado, su cabeza duele mas que la tuya.

Cree que las 'obligaciones' que los antiguos estudiantes tenian en los 'dojos' tradicionales, como el limpiar el suelo, son verdaderamente positivas a la larga?

Cuando me encontraba asistiendo al instituto y era, al mismo tiempo, uno de los "uchi deshi" de mi Maestro, solía llevar mi uniforme bajo el brazo al salir de clase y encaminarme hacia el "dojo" en busca de un tipo de educación muy diferente al que acababa de recibir. Pero, curiosamente, antes de comenzar a entrenar, tenía que limpiar el "dojo."

Debido que era el único alumno de mi Maestro en aquel tiempo y el "dojo" era bastante espacioso, lo mas natural y lógico sería el usar una mopa para realizar el trabajo. Sin embargo, este método era y es totalmente inaceptable desde el punto de vista tradicional. En su lugar, tenía que llenar un cubo con agua caliente y bajar al sótano a buscar un toalla limpia. Mojaba la toalla en al agua y comenzaba a limpiar desde uno de los rincones del "dojo," con la espalda recta y doblándome hacia el frente, con la toalla delante de mí siendo empujada por mis brazos, que permanecían en una posición recta. Desde esta posición, iba de un lado a otro del "dojo," arriba y abajo, arriba y abajo. Es prácticamente imposible el realizar esta tarea lentamente, la posición te impide permanecer mucho tiempo en un sitio y el movimiento ha de ser constante. Es, en contra de lo que pudiera parecer, bastante cansado.

Una vez acabada esta tarea, tenía que limpiar el altar, cambiar el agua del centro floral del "dojo," etc. ...Todas estas obligaciones eran parte de un entrenamiento denominado "nitten soji" (limpieza diaria).

En un lugar como un "dojo," en donde se busca el "camino," las distracciones han de ser mínimas y la limpieza... máxima. Un gimnasio normal puede estar sucio, pero un "dojo" ha de permanecer siempre limpio. Desde el punto de vista estético, las tareas de "soji" son algo que se lleva en Japón con mucha dignidad. La limpieza de Templo, "dojo," altares, monasterios, etc... es un honor.

La pregunta que surge es, ¿quien ha de efectuar las tareas de "soji" y por qué?

En un gimnasio normal, existen unas personas contratadas para hacer la limpieza. Es practicamente imposible, ver al dueño del gimnasio limpiando. Igualmente, el pedir a uno de los alumnos (que paga su cuota mensual) que lo limpie, sería una falta de cortesía y educación.

Curiosamente, una vez asistí a un "dojo moderno" en donde el instructor anunció que las tareas de "soji" iban a empezar a realizarse en la escuela y que las deberían de hacer los estudiantes mas jóvenes. Los instructores y los "senpai" quedaban escusados de tales responsabilidades. Me imagino, que el instructor debía pensar que semejante tarea estaba por debajo del "status" de los profesores y alumnos avanzados, o tal vez deseaba que los estudiantes mas antiguos se sintieran especiales y los mas nuevos, inferiores respecto al resto.

"Soji" no tiene nada que ver con el "status" del estudiante. En un "dojo" en donde prima la educación tradicional, los "senpai" pueden verse junto a los "kohai" limpiando con la toalla en la mano. Este es el verdadero espíritu del "Budo."

Durante mis comienzos en las Artes, llevaba mis fustraciones diarias hasta el mismo "dojo," lo que evidentemente apartaba mi atención de aquellas cosas en las que tenía que centrarme en el entrenamiento. Algo que me ayudó a librarme de esto fue las obligaciones de "nitten soji." El llegar al "dojo," tomar el cubo, llenarlo de agua, tomar la toalla y limpiar, era un método excelente de ir "olvidándose" de los problemas diarios. Aunque había empezado mis "obligaciones diarias" con mal humor y agobiado, al terminarlas, me sentía siempre mucho mejor.

Los "budokas" que tomen las tareas de "soji" como parte de su entrenamiento, se verán recompensados en muchos aspectos. Si, tal vez para algunos sea algo mundano y sucio, pero a los artistas marciales nos ayuda a entender que, sin importar el nivel en el que nos encontremos, hay siempre una necesidad fundamental de "eliminar lo superfluo."

Probablemente, "nitten soji" no sea la manera mas práctica de limpiar un "dojo," pero sin duda, es un método excelente de limpiar el espíritu.

Como nos ayuda el Arte Marcial a tener una perspectiva correcta de otras facetas de nuestra vida?

Cuando era niño, solía pasar la mayor parte de mi tiempo escalando montañas acompañado de mis mejores amigos. Con la ayuda de los mas simples "instrumentos" (la cuerda de nylon era una auténtica revelación), mis amigos y yo, pasábamos muchas horas escalando y contemplando la hermosa vista que se extendía por debajo de nosotros.

La escalada no era algo muy popular por aquel entonces, pero en ocasiones nos encontrábamos con los "kichigai" de la montaña. Estos, eran atletas que no realizaban escalada como una "actividad." Para ellos el escalar era una obsesión. Personalmente, llegué a conocer individuos que dejaban de asistir a bodas y funerales de familiares por ir a escalar. Los "kichigai" de la montaña podían estar muriéndose de hambre, pero si tenían que elegir entre una comida y una cuerda nueva, no había nada que elegir; la cuerda. Siempre iban en grupo, en coches especiales para ir a la montaña, dejando a esposas, familias, trabajos, escuelas, etc. …por su obsesión. Si el lector ha estado relacionado alguna vez que algún tipo de deporte similar a la escalada, sabrá de lo que estoy hablando aquí. El "ski," el "surf" y los corredores de fondo, tiene las mismas características.

No es sorprendente pues, que las artes del Budo, tengan su grupo de "kichigai." Suelen ser, aunque no siempre, gente joven, con una incesante pasión por entrenar. En muy poco tiempo, estarán llenos de golpes, con vendajes y esparadrapos por todo el cuerpo. Aún así, y a pesar de todas las lesiones, siguen asistiendo a clase, no falta un solo día y permanecen allí desde que se abre el "dojo" hasta que se cierra. Estos "kichigai" del Budo, son mirados por el resto como el ejemplo a seguir, como modelos a imitar. El instructor dice: "miralé, con un brazo roto y continua entrenando." El estudiante se encuentra en el otro lado del "dojo," golpeando el "makiwara" con el brazo "bueno" y sonriendo abiertamente.

Los "santos" sonrien así. Los idiotas… también.

Tal vez haya muchos "santos" entre los "kichigai" del Budo, pero me temo que hay muchos mas idiotas. Ya se que el término "idiota" puede sonar un poco fuerte, pero no encuentro otro mas apropiado. Este tipo de "fanáticos," son todo menos un ejemplo a seguir. Su denodado entrenamiento es el "fin en sí mismo." El mundo real, se les reduce al "dojo," y su entrenamiento se convierte en un substituto de sus responsabilidades en el trabajo, en la familia, en la amistad y en sus vidas; en todas esas cosas con que la vida nos regala.

Si estos "kichigai" del Budo tienen un profesor competente, éste les abrirá los ojos, demostrándole el error de su actitud y comportamiento. El "Sensei" les mostrará que hay "una vida" fuera del "dojo" y que éste, es verdaderamente un lugar de entrenamiento para esa vida exterior y que las lecciones pueden aplicarse en las circunstancias en las que uno de encuentra a diario. El dar 1.000 puñetazos diarios a un "makiwara" no es nada relevante en la vida, pero la determinación y el sacrificio necesario para hacerlo todos los días, son realmente valiosos en otras facetas de la vida. Si la persistencia y dedicación en el entrenamiento no se utiliza fuera del "dojo," tendrá muy poco significado real.

Será como aprender las letras del abecedario, pero nunca ser capaz de construir una sola palabra.

Aún mas, un buen instructor hará notar al estudiante, que esa mentalidad fijada tan solo en el entrenamiento, hace que no cumpla con sus obligaciones y que dependa de que otros las lleven a cabo. Investiga un poco en la vida de estos "kichigai" del Budo y, muy seguramente, descubrirás una familia que les sustenta, una mujer que trabaja para pagar los gastos de la casa, etc. ...Le suplen con un apoyo que él debería estar haciendo y, la mayoría de las veces, son ignorados.

El entrenamiento en el "dojo," es esencial para ayudar al budoka a encontrar un significado mas amplio a la vida. Si toma el entrenamiento como un sustituto de la vida misma, la recompensa será una existencia mas amarga y con mucho menos significado.

No hace mucho tiempo recibí un catálogo de una editorial de libros. Era sorprendente la extensa oferta de títulos del mismo. Desde filosofía hasta técnica, pasando por una amplia cantidad de temas relacionados con las Artes Marciales.

Me llamó la atención el "curriculum" de uno de los autores a quien conocía personalmente. Le atribuían ser miembro de un Asociación. Yo sabía, de su propia voz, que su relación con esta Asociación se reducía a visitar el "dojo" un par de veces. Distintos Maestros se mencionadan en su "curriculum" como si fueran sus instructores, cuando en realidad, tan solo eran sus conocidos y nada tenían que ver con el Arte que está persona práctica. Le llamé y le comenté este tipo de detalles. Me contestó que efectivamente esta disgustado por la forma en que "se había vendido su imagen," pero que el editor le comunicó que se había hecho con fines comerciales. Era necesario para el "marketing" del libro...según el editor. Que opina al respecto de este tipo de estrategias de venta?

Personalmente, no estoy de acuerdo con esto. Estoy seguro que los artistas marciales que leen libros, son mucho mas inteligentes que "eso." Si uno ahorra dinero y se compra un libro sobre el "Kendo," no es porque el autor sea "un superman," sino porque uno está interesado en el tema que trata la obra. Si el material que aparece en el libro es malo, o está incorrectamente escrito, el libro no se venderá. No importa quien sea el autor y como se le intente lanzar.

Este es un hecho muy cotidiano, no solo en cuestiones editoriales.

Recientemente, noté que una escuela de Karate, no muy lejana de donde yo vivo había sido cerrada. Si, el instructor había tenido que cerrarla a pesar de autoproclamarse "campeón internacional," "campeón del mundo" y de tener todas las vitrinas llenas de trofeos. A pesar de tanto "bombo y platillo," lo que tenía que "vender," no era bueno. Así de simple.

Creo que los libros deben pasar conocimiento, experiencias y enseñanzas que hayan sido útiles a quienes las escriben. Deben "iluminar" (perdón por la inmodestia) a aquellos que buscan el "camino," que desean encontrar la forma y el método adecuado de practicar cualquier Arte en el que estén interesados. Sinceramente espero, que nadie sea tan tonto como para comprar libros por lo que se diga del autor en la solapa o lo atractivo de la cubierta.

Mas importante aún es, que no conduzcan sus propias vidas bajo criterios similares.

Permítame ponerle un ejemplo; un consejero de empresa, con entrenamiento Aikido, ofrece una serie de cursos para ayudar a los ejecutivos con "stress" a relajarse usando los principios del "aiki." Un joven karateka descubre su talento para el combate y decide entrar en competiciones. Se concentra en este aspecto del Arte y se aparta, cada vez mas, de la práctica del "Kata," llegando a afirmar: "la verdad es que el Kata, nunca me interesó." Otro practicante opina: "Esto es Arte Marcial, y éste es el único método que deseo practicar." Su entrenamiento consiste en entrenar en solitario en lo que el considera el "estilo mas artístico de cuantos existen," el Iaido: el desenvaine de la espada de acuerdo a un Kata establecido. Hay alguno equivocado o estan todos en lo cierto?

Si analizamos a estos tres individuos podremos apreciar que sus objetivos en las Artes son bastante diferentes, pero al mismo tiempo...bastante similares. Los tres están cometiendo el mismo error: se concentran en un solo árbol y pierden la visión del bosque.

Diciéndolo de otro modo, siempre que una persona entra en una actividad que posee distintas facetas, es natural que sienta una tendencia hacia uno de los aspectos que la componen. Se especializa y llega a ser diestro en ella. Se centra en un apartado concreto y recibe "el premio" a esa especialización. Nadie contrata a un delantero centro para que sea portero de un equipo de fútbol. El corredor de velocidad de un equipo olímpico es muy posible que no sea un buen corredor de maratón. No es de extrañar que cuando un individuo entra en un "dojo," tenga ciertas preferencias sobre distintos aspectos del Arte.

Aquellos que han permanecido en el entrenamiento de las artes del Budo saben, que desgraciadamente no hay muchos instructores que se opongan a este tipo de planteamientos por parte de los alumnos. Si el alumno es buen competidor, habrá que fomentarle esta faceta puesto que si gana campeonatos y torneos, traerá prestigio y nombre al profesor, lo que incrementará el ingreso de alumnos en sus clases y así, su cuenta en el Banco. Para ello, el instructor se saltará ciertos aspectos del entrenamiento que a su "campeón" pueden resultarle aburridos. Si hace que el estudiante pase parte del tiempo entrenando el "Kata," perfeccionando los rituales, etc. ...en lugar de permitirle que haga "Kumite" siempre que quiera, corre el riesgo de perderle y con ello, toda la fama, prestigio y dinero que eso supone. Desgraciadamente, esto ocurre muchas veces porque la mayoría de los instructores no tienen las calificaciones y el conocimiento necesario para pasar el Arte de forma equilibrada, con todas las facetas que lo componen. Recuerdo una anécdota que ocurrió en el "dojo" de Kendo en donde me encontraba entrenando Iaido. Uno de los invidiuos estaba verdaderamente fascinado con los

"Kata" del Arte del Kendo. Normalmente no se enseña ningún Kata en Kendo, hasta que el estudiante no domina perfectamente las bases y ha recibido una buena cantidad "moratones" fruto del intenso entrenamiento. Los "senpai" estaban contentos con el interés de este estudiante y decidierón enseñarle un Kata, al término de las clases regulares. Una vez que la había aprendido, comenzó a dejar de asistir a las clases. Lo útlimo que oí acerca de este individuo, es que se había mudado a otra ciudad y había abierto un "dojo" en donde enseñaba Kendo. La pregunta que debemos hacernos es, ¿está este individuo enseñando verdaderamente el Arte del Kendo? La respuesta es, no. Está enseñando los aspectos del Kendo que a él le gustan. No enseña Kendo, sino su concepción limitada e inmadura de un Arte excelente.

Permíteme enfatizar, que este ejemplo de concepción fragmentada, no es lo mismo que aquellos que tan solo enseñan o entrenan con desgana. Aquel estudiante de Kendo, sabía el Kata correctamente y tal vez, estaba capacitado para enseñarlo con cierta precisión. Pero tan solo estaba enseñando una "parte," "un segmento" del arte y eso... es insuficiente.

Esta crítica puede extenderse a aquellos que tan solo enfatizan una parte del un estilo del Budo; bien sea la salud, la defensa personal, el desarrollo del espíritu, la competición, etc. ...La concepción y práctica fragmentada, lo único que puede traer es beneficios parciales e igualmente fragmentados.

"El Karate Do es como *nabemono*" me dijo una vez mi Sensei en referencia a un estofado (cocido) típico japonés"...todos los ingredientes dan un sabor único y particular." Si se toma uno de estos ingredientes y se pone aislado en un plato, no se tendrá el estofado verdadero. No te conformes con tan solo un ingrediente del cocido. Has de aceptar y aprender a apreciar todos ellos, aunque alguno pudiera no llamarte la atención al principio. Las Artes del Budo son estofados con un magnífico sabor. Si vas a comer uno, no te engañes. Pruebalo con todo su sabor.

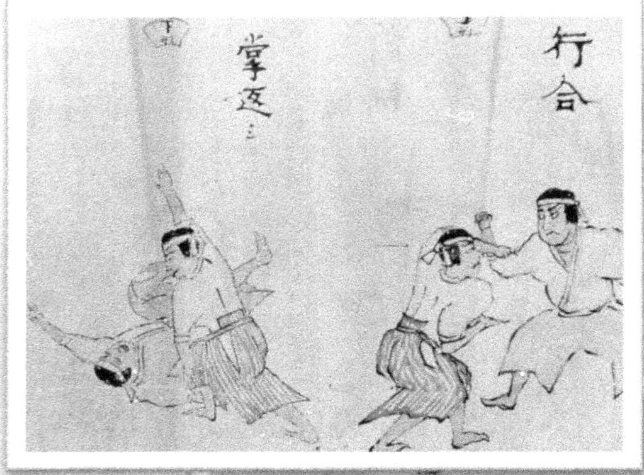

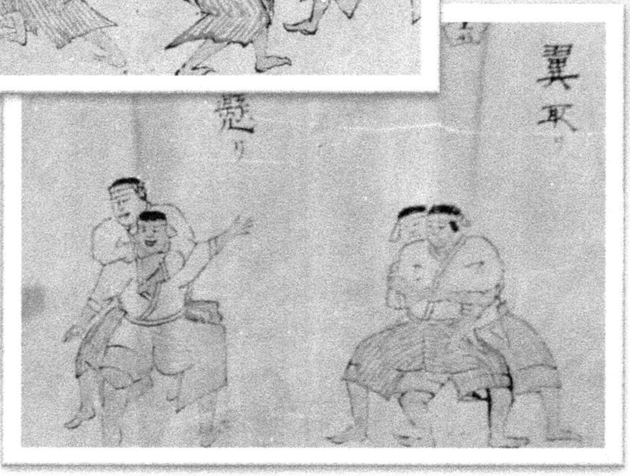

Check out these OTHER POPULAR TITLES from EMPIRE BOOKS/AWP LLC

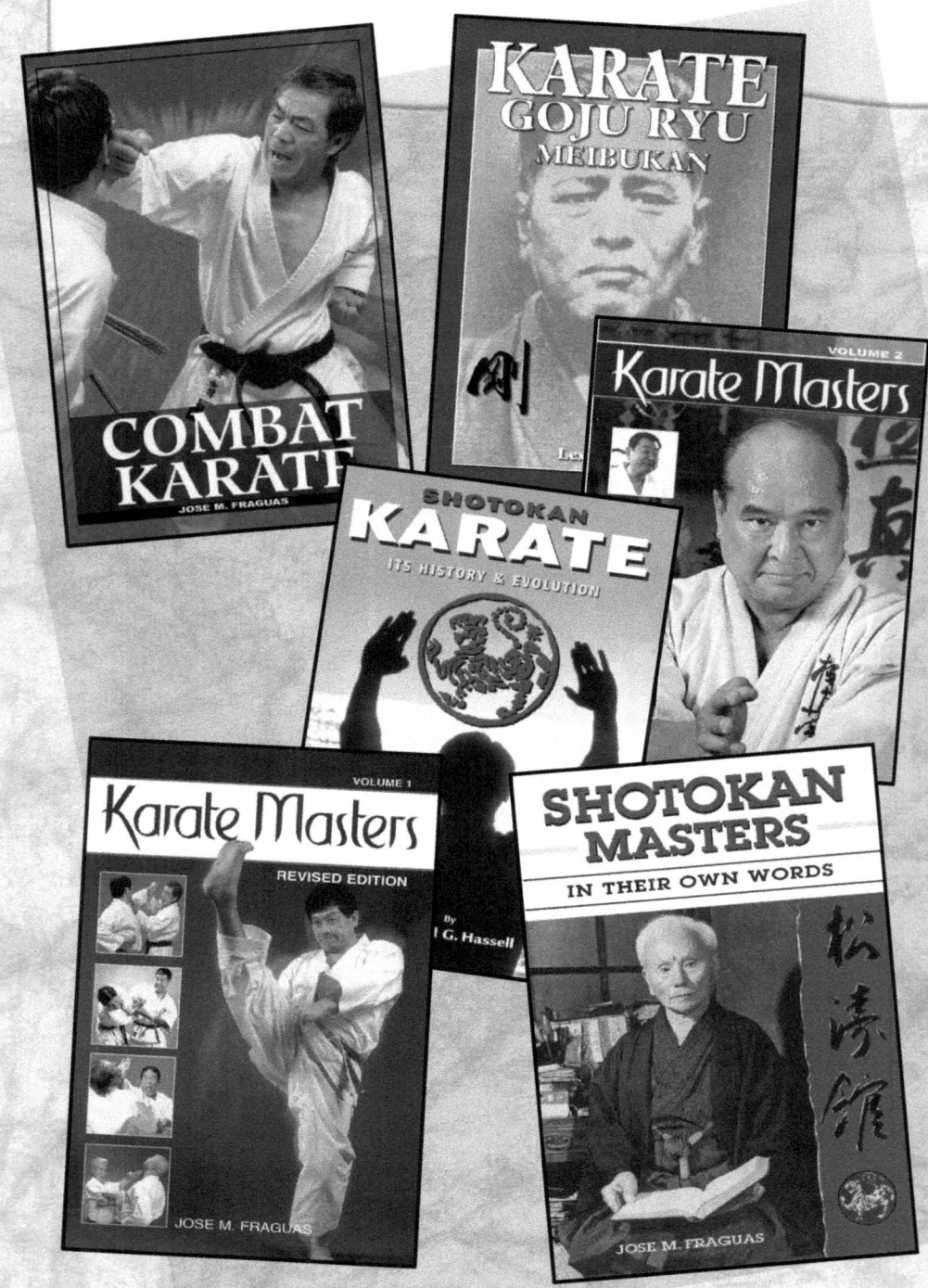

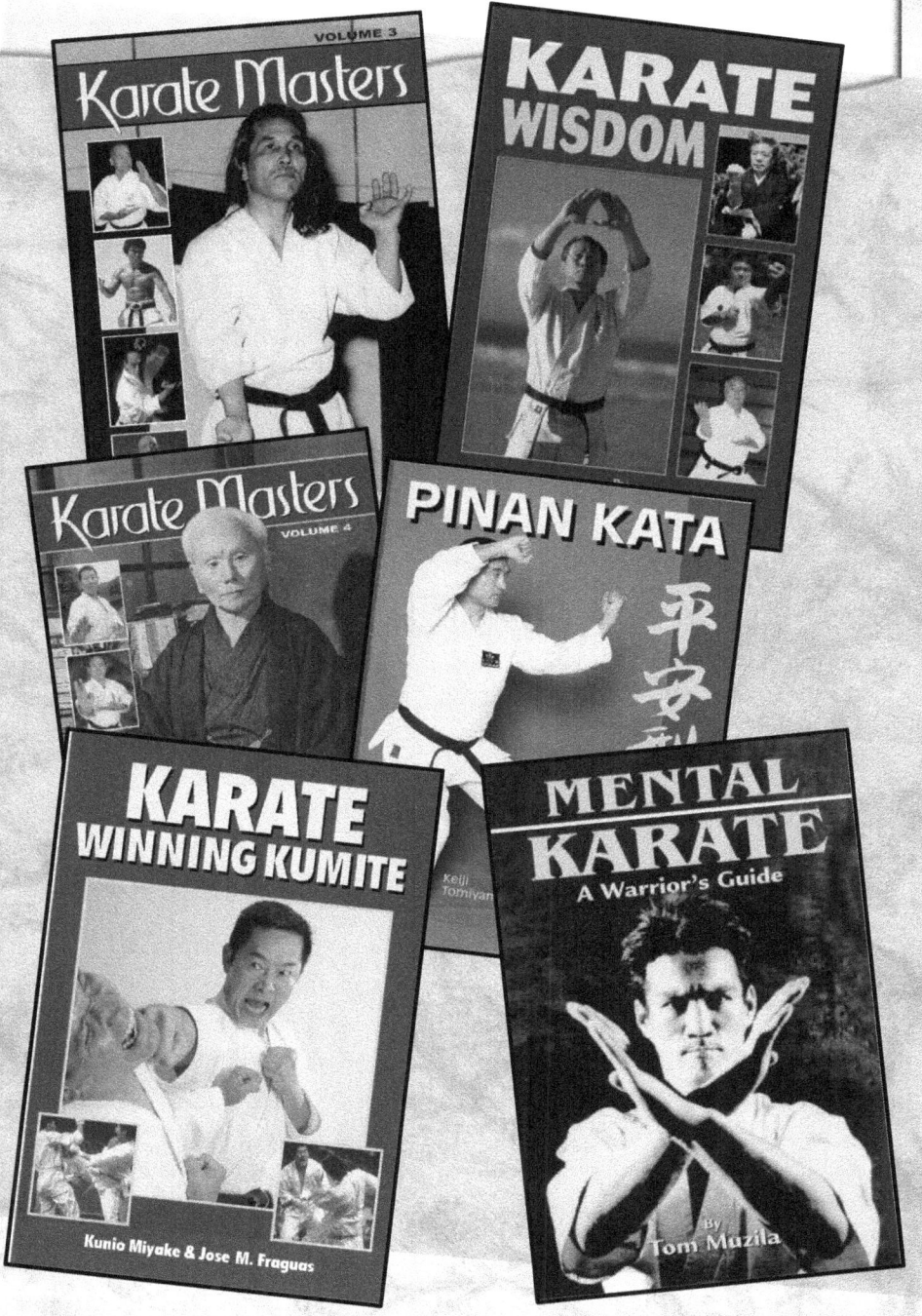

NOTES

NOTES

NOTES

www.ingramcontent.com/pod-product-compliance
Lightning Source LLC
Chambersburg PA
CBHW041128110526
44592CB00020B/2722